TOKYO JOSHI GAKUEN

"輝ける"場所であるため

次の時代を創り、生きる子供たちに人生を生き抜く力と
強くしなやかな心を伝えたい。
"未来"を創る学園の教育プログラムは全力で子供たちを育成します。

SCHOOL GUIDE 2013 Junior High School

●中学校説明会・体験入学

※□体験入学 ★入試対策勉強会のみ要予約

11.17(土) 14:00〜□ 11.30(金) 10:00〜 19:00〜
12.15(土) 10:00〜★ 14:00〜★ 1.12(土) 10:00〜
1.26(土) 13:30〜

●中学校入学試験日

第1回	2/1(金)	午前・午後
特別奨学生入試Ⅰ	2/1(金)	午後
第2回	2/2(土)	午後
第3回	2/3(日)	午後
特別奨学生入試Ⅱ	2/5(火)	午前

※ご来校の際は上ばきをお持ちください。

合格実績(抜粋) ※2012年4月

国立
●岡山1名●東京海洋1名
●宮崎1名
公立
●首都大学東京1名
私立
●東邦1名●獨協医科1名
●早稲田4名●慶應義塾1名
●上智2名●東京理科6名
●学習院1名●明治3名
●青山学院9名●立教4名
●中央1名●法政9名
●東京女子10名●日本女子14名
●学習院女子3名●明治学院5名
●武蔵6名●成城3名●國學院3名
●東京農業7名 他

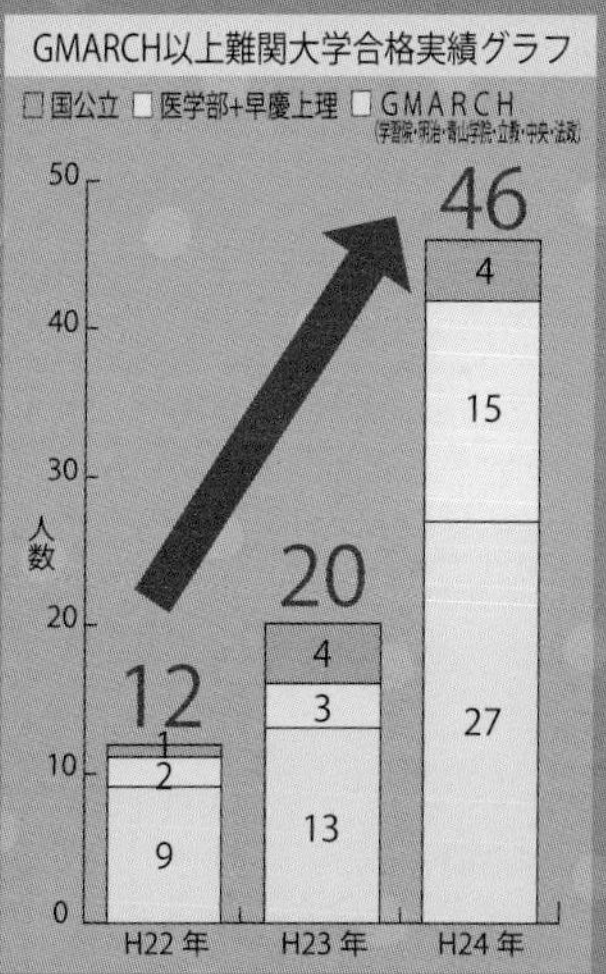

TOKYO JOSHI GAKUEN 港区芝
東京女子学園中学校

〒108-0014 東京都港区芝4-1-30 Phone: 03-3451-6523 Fax: 03-3451-0902 Website: http://www.tokyo-joshi.ac.jp/ E-mail: gakuen@tokyo-joshi.ac.jp
JR山手線・京浜東北線「田町駅」5分、都営地下鉄浅草線・三田線「三田駅」2分、大江戸線「赤羽橋駅」10分

CONTENTS

試験当日の持ち物チェック ―― 4

2013　中学入試WAVE　森上 展安 ―― 10
学校選びに優先したい中学受験の目的とは

万全の準備で「合格」に向けてのラストスパートを ―― 16
親子で協力して「合格」を勝ち取ろう！

入試直前期の学習アドバイス ―― 26

いまから急上昇！
公立中高一貫校受検直前対策　若泉 敏 ―― 30
親と子でラストスパート　適性検査攻略の直前ポイント

お子さまにかけてあげたい言葉集 ―― 37

本番へのラストスパート　大野 敏明 ―― 40
入試直前の時期に保護者はなにをすべきか

中学受験のための入学願書の書き方 ―― 46

中学受験の面接対策 ―― 55

病気対策を万全にして入試に備えよう！ ―― 62

困ったときのアドバイス　入試当日のQ&A ―― 68

忘れ物チェックリスト ―― 75

合格カレンダーをつくろう ―― 77

中学入試知っ得データ ―― 82

これから行ける！　学校説明会 ―― 89

入試直前 必勝ガイド

目指せ！合格！

試験当日の持ちものチェック

試験当日に必要なものは、事前にそろえておきましょう。忘れ物をしないようにしっかり準備をして、余裕をもって試験にのぞんでください。ここでは、とくに大事な入試グッズを紹介します。ただし、学校によっては試験会場に筆記用具以外の持ちこみをしてはいけない場合もあるので、よく確認してください。

CHECK 1 受験票

何校か受験をする場合は他校の受験票とまちがえないように気をつけてください。受験票や学校資料はクリアファイルなどに入れて分別しておくと便利です。受験票は忘れてはならないものですが、万が一、紛失したり忘れてしまっても試験は受けられます。受付で事情を説明して落ちついて行動してください。

CHECK 2 筆記用具

鉛筆はＨＢを６～８本持っていきます。鉛筆削りもあるとよいでしょう。シャープペンシルは２～３本。替え芯を確認しておきます。輪ゴムでひとまとめにしておくと机の上で転がりません。

CHECK 3 消しゴム

消しゴムは予備も含めて２～３個用意します。ゴムが硬すぎると文字を消すときに試験用紙が破れることがあるので、良質のものを選んでください。カスがまとまりやすいものにも注目です。

CHECK 4 三角定規 コンパス

三角定規やコンパスといった文房具は、学校から持ちものとして指定されることがあります。逆に、持ちこみを禁止する場合もありますので、各学校の持ちものを確認してください。

CHECK 5 ティッシュペーパー

ティッシュペーパーは鼻紙として使う以外にも、机がガタつくときに机の下にはさんだり、消しゴムのカスなどゴミを捨てるときにも使えます。

CHECK 6 上ばき

いつも学校ではいている上ばきで大丈夫です。きれいに洗って清潔なものを用意してください。スリッパは避けた方が無難でしょう。

CHECK 7 腕時計

腕時計は計算機能のついていないものを持っていきます。電池を確認して、アラーム機能のあるものは鳴らないようにしてください。学校によっては持ちこんではいけないところもあります。

CHECK 8 メモ用紙

電車の時刻など、その日のスケジュールを記入しておく際に使います。また、控え室では１科目ごとに問題と解答が掲示されることが多いので、書き取っておくとよいでしょう。

CHECK 9 大きめのカバン

マフラーなどの小物がすっぽりと入るようなカバンを用意しましょう。また、ファスナーがついて口が開かないタイプを選べば、中身が飛びでてしまったり、雨や雪で中身がぬれる心配がありません。

CHECK 10 お弁当

午後にも試験や面接がある場合に用意します。汁がでないもので、消化がよいおかずを選びます。緊張して食が進まないときは、ひと口サイズにしておくと食べやすいです。

CHECK 11 飲みもの

温かい飲みものは、身体を温めて緊張をほぐす効果があります。のどが痛いときには、お湯にレモン果汁とハチミツを溶かしたものが効果的です。カバンに入れやすい小型のマグボトルも便利です。

CHECK 12 ハンカチ・タオル

ふだん使っているものを用意します。トイレでのお手ふきのほかにも、雨や雪でぬれた衣類や持ちものをふくのに使います。新品であれば、一度洗っておくと水分の吸収がよくなります。

CHECK 13 替えソックス

雨や雪で靴下がぬれてしまったときに、はき替えます。靴下がぬれたままでは試験に集中できませんし、風邪をひくこともあります。

CHECK 14 カイロ

寒い日には手軽に温まることができる携帯用カイロを持っていきます。貼るタイプのものから、足の裏用まで種類も豊富です。熱すぎるときはカイロケースに入れるとよいでしょう。

CHECK 15 ブラシ・手鏡

面接がある場合は、身だしなみを整えるために使います。洋服のホコリをとる小型のエチケットブラシもあると便利です。

CHECK 16 交通機関のプリペイドカード

切符売り場が混雑しているときでも、スムーズに改札がとおれます。事前にカードの残高を確認して、チャージ（入金）しておいてください。

CHECK 17 お金

交通費などに使います。高額紙幣を使える自動券売機は少ないので、小銭を多く持っていくとよいでしょう。また、指定された文房具などを忘れてしまったときは、コンビニエンスストアで購入できます。

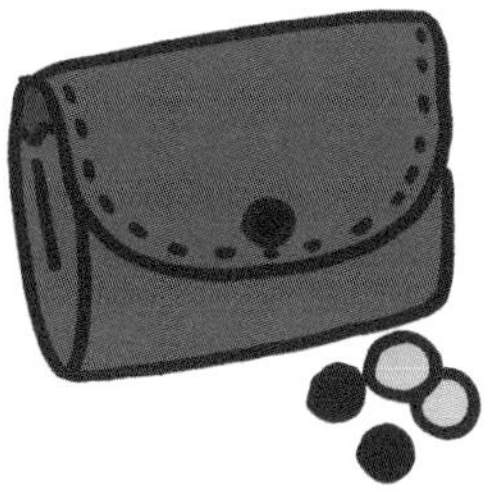

CHECK 18 雨具

試験当日は雨や雪が降ることも考えられます。防水性の靴や長靴を用意しておきましょう。また、ぬれたものを入れておくための少し大きめのビニール袋もあると便利です。

CHECK 19 携帯電話

おもに保護者用です。緊急連絡などに使用します。試験会場には持ちこみません。マナーモードにしてまわりに迷惑にならないようにしてください。

このほかにあると便利なもの

■学校案内や願書の写し
面接の際に持っていくと参考になります。

■参考書
緊張して落ちつかないときに開いてみましょう。

■のど飴やトローチ
のどの痛みがつらいときや、緊張で口のなかがかわいたときに。

■マスク
風邪をひいているときだけでなく、予防のためにも効果的です。

■お守り
これまで勉強してきた成果が発揮できますように。

《入試当日のチェックリスト》は、75ページを参照してください。

わたしがあなたがたを愛したように、
あなたがたも互いに愛し合いなさい。
《ヨハネによる福音書13章34節》
YOKOSUKA GAKUIN
Junior & Senior
High School

横須賀学院の進学実績が急上昇！

GMARCHの合格者数

2011年3月 **60名** → 142% UP! → 2012年3月 **85名**

早慶上理群の合格者数

2011年3月 **17名** → 147% UP! → 2012年3月 **25名**

国公立大学の合格者数

2011年3月 **11名** → 145% UP! → 2012年3月 **16名**

その秘密は

毎日の家庭学習を学校でサポート
放課後学習システムの充実にあり！

授業担当教員が
マンツーマン体制で指導

B.L.T.
（ベーシック・ラーニング・タイム）
理解不足や疑問点を早急にケア
英語・数学・国語で週3回開講

19時まで利用可能な
「学校の中の塾」

A.L.T.
（アドバンスト・ラーニング・タイム）
学習内容を定着させる徹底した反復演習
学習室専属の管理担当者がフォロー

さらに

国公立・難関大学進学を狙うキミのために

特別講座
中学生対象
国公立・難関私大合格につながる
応用・発展問題のみを扱う上位者特講

夏期・冬期・春期&
入試直前講習会
高校生対象
目標・目的に合わせて用意する
予備校並みに充実した講座群

学校案内日
12.15(土) 1.12(土)
10:30〜12:00

受験生対象 入試問題体験会
12.15(土) 1.12(土)10:30〜12:00
＊小学6年生限定　要web予約

合唱コンクール
11.17(土)10:00〜12:00
＊要web予約

クリスマスページェント
12.20(木)10:30〜11:30
＊要web予約

青山学院第二高等部を継ぐキリスト教教育

横須賀学院中学高等学校

〒238-8511 横須賀市稲岡町82番地 Tel.046-822-3218
http://www.yokosukagakuin.ac.jp/

今年度は水曜日！
毎週開催の水曜ミニ説明会
（授業見学あり）[10:00〜11:30]
＊ご参加にはweb予約が必要です。
＊学校行事などで説明会を開けない日もございますので、必ず事前にご確認ください。

2013年の学校選び、家族の協力

【2013 中学入試WAVE】

森上教育研究所 所長　森上展安

中学受験経験者が親の主流になりつつある

わが子の教育をどうするかを親が考える場合、そこにはかならず「学校」が念頭にあるはずです。多くの場合、小学校は自宅から近い公立小学校に（少々言い方は辛辣ですが）あてがいぶちで通わせることでしょう。しかし、やがて高校や大学では「学校」を選ばねばなりません。

中学受験は中高一貫校を選ぶのですから、そこでは、人格形成期である中高6カ年の「学校」に加えて出口の「大学」とのふたつを大きく視野にすえた選択になります。

その場合、多くの親は、やはり自身の育ってきた経験をもとに判断し選択します。現在、子どもが小学校3～4年生で、中学受験をさせようか、どうしようかと考えている親は、ある調査では例年（この数年間）と同じくらいいるのだそうです。その割合は25％くらいだそうですから、4分の1のかたがどうしようか迷っていることになります。

親の世代は、団塊ジュニアと呼ばれる世代にさしかかっています。戦後、中学受験が最初の盛りあがりをみせた世代が、子どもの中学受験を考え始めているということです。

ですから、いまの親は、その親の世代に比べて、自らも中学受験をした経験があるかたが多いだけに、中学受験を追体験として、自身の思い出をオーバーラップさせながら考えることができそうです。

受験のペースメーカーにもなり、インストラクターにもなるのが親の存在です。ただ、当時の親の世代と比べてようすがずいぶんちがってきています。

最大のちがいは塾が産業化して立派なカリキュラムやテキストがあり、テストもあって、いわば「学校」のように社会化されていることでしょう。いわば近所の八百屋さんが、チェーンのスーパーに変身しているわけです。そうなると当時の親が経験した親密な個人ベースの指導委託先というよりは、ビジネスライクなお付き合いになりがちです。

ですが、とくに小3とか小4では、子どもは親密な空間が、それが学習空間であれなんであれ、酸素のように必要とされるものです。

塾がどのように大きくなっていようが、逆に小さいままであろうが、気のおけないオフの時空というくらいのコミュニケーションの密度が求められます。1時間1時間の塾の教室でのできごとが生きいきと、学校なんかよりよほど楽しく、ほどよく緊張感もある、という空間である必要があるのです。

親は、そのことを子どものころ知らず知らずのうちにやっていたので、親となってわが子が塾をどう感じているかについて、案外に無頓着です。

まずはその具体的な勉強の場づくりに関心を払っておく必要があろうと思います。

加えて言うなら、塾の先生との関係もさることながら、子どもたちの親同士の親密さが大事でしょう。以前なら地域で子育てをしている共同体への関心がありましたが、いまは孤立感の方が強いのではないでしょうか。

せめて塾の縁での「ママ友」もつくり、親同士、親密な関係をつくり、塾の先生も巻きこんでいくくらいがよいのです。

すると信頼感のあるおとなのなかで、子どもたちも伸びのびとストレスなく過ごすことができるよ

◉森上　展安　*Nobuyasu Morigami*

「受験」をキーワードに幅広く教育問題をあつかう。とくに中学受験について永年のデータ蓄積があり、そこから導き出す分析をベースにした鋭い指摘に定評。受験生・保護者には絶えず温かい視点からサポートする姿勢を崩さない。近著に『偏差値だけではわからない 塾も学校も教えてくれない 入って得する人気校の選び方―中学受験白書2011 首都圏+全国480校』『10歳の選択 中学受験の教育論』（ともにダイヤモンド社）などがある。

学校選びに優先したい中学受験の目的とは

うになります。子どもの親密圏というのはそうやって親の働きかけや下地の上に成り立つものです。

受験一辺倒では大きな目標を達成できない

さて、めざす「大学」によって「中学・高校」の行き先もちがってきますが、それはすなわち到達目標の差でもあります。目標達成のもとになるのは、なんといってもご両親の慈愛とある種の厳しさでしょう。厳しさとはむしろ節度といってよいかもしれません。つまり、自立するために必要な素養を身につける、という大目標があって、その手段として「学校」に入れるので、「学校」に入ることに親の関心が集中しすぎて、大目標がどこかに行ってしまえばこんな残念なことはありません。

したがって、目標達成の高い目線を意識しながら受験に取り組むという自覚を、親はつねに持ちたいもの。よく受験のために家事やしつけが二の次、三の次になるケースを見かけますが、たとえそれで受験に成功したとしても中高生活、ひいてはおとなになってからの成功はむずかしいでしょう。

「早寝・早起き・朝ご飯」というかけ声は、じつは成績や学力の向上に効果的だ、と言われています。一見、勉強時間に差し支えるからと食事や睡眠時間を削ったり、家事の手伝いをしなかったり、自身の整理整頓をしなかったりなどという受験至上主義の生活は、大目標を見失っているばかりか、受験勉強の成果も、じつはあがりにくいものなのです。

たとえば週に2～3回は家族で夕食を囲む習慣があれば日ごろの母親だけの会話とちがった父親の視点での会話も入り、そのことによって話題の広がりも生まれ、なにより子どもの精神的な支えとしての心の栄養になって自己肯定感が高まることでしょう。またそこに祖父や祖母も交わればさらに子どもの精神世界は深く耕されていきます。

じつは学業が伸び悩む場合は、そうして芽をだそうとしている子どものやる気を認めて励ます、いわばギャラリーが不足しているケースが少なくないのです。夕食などの家族団らんの席で小さなことでも認めて励ましてくれれば子どものやる気はがぜんちがってくるものです。

またそれを塾や学校で、あるいはご近所のおばさんなどからも声をかけられれば自ずから心はまっすぐになり努力を怠らなくなります。そうしたことを家族のちょっとした工夫で演出できるのですから、家族や共同体のパワーのもたらす影響力は少々の睡眠時間のカットなど比較になりません。

一方で、反抗期に入る子どももいます。そこからは家族以外の社会人の出番です。その意味では塾の先生に手伝ってもらってもよいでしょうし、ご近所の親しい大学生のかたでもよいでしょうが、心を通わせるおとながモノを言います。

親が学校であれ、塾であれ社会とのかかわりをうまく活かし、かつ家族の生活を育みながら取り組むのが、受験をとおした子育ての極意といってよいと思います。

鷗友学園女子中学校

進路進学指導の要は「集団としての力」

完全中高一貫教育のもと、毎年多くの難関大学合格者を送りだしている鷗友学園女子中学高等学校。学校創立以来の「慈愛と誠実と創造」を校訓に掲げ、『集団としての力』を育てることで、生徒それぞれの進路希望を実現していきます。

鷗友学園女子中学高等学校（以下、鷗友学園女子）は、今年も東大4名をはじめ、国公立大88名、早慶上智大191名、医学部医学科36名というすばらしい大学合格実績を残しました。

進路指導部長の黒田和芳先生は「本校の進路進学指導において、いちばん力を入れているのは、じつは学習面ではありません。生徒たちの『集団としての力』を育てることにあります」と説明されます。それはいったいどういうことなのでしょうか。

「女子生徒にとって、学校生活の大切な部分を占めているのは人間関係です。クラス、委員会、クラブなどそれぞれの場所でうまく人間関係がつくれ、自分の居場所ができれば、精神的にとても安定します。そうなると勉強もがんばれるのです。本校では、学校としてこの土台を整えることに力を入れています」（黒田先生）

その対策のひとつとして、各学年1クラス40名×6クラスだったクラス編成を、2004年から中1のみ30名×8クラスとして、より生徒同士がコミュニケーションをはかりやすくなるように変更されました。

その後、進級してクラス替えが行われるたびに、生徒同士の友だちの輪が広がり、学年としての意識が高まります。そして高3の大学受験期に入ると、学年全体で受験勉強に取り組む雰囲気ができあがり、10～11月から入試本番までの2、3カ月の学力の伸びが大きくなるのです。その最後の伸びの大きさが鷗友学園女子の特色で、「集団としての力」を育てた結果なのです。

集団のなかで人とのちがいを知り ひとりの女性として自立していく

集団としての力が育ってくると、つぎはそのなかで自分と他者との関係を考えるようになります。人はみんなちがうということを理解し、そのちがいを認められるようになることで、ひとりの女性として自立する一歩をふみだすことができます。集団として、そして個人としての考えがじっくりと養われていくことで、生徒たちはその後の進路についても、偏差値などの数字にとらわれるのではなく、自分がどうなりたいか、そのためにはどうすればいいのかに主眼をおいた進路選択をするようになっていきます。

また、生徒だけではなく、先生がたの「集団としての力」も鷗友学園女子の進路進学指導の大きな力になっていると言えるでしょう。

「本校には、担任全員が進路指導係であるという考え方があります。学校として進路指導の大きな筋道はありますが、細部に関しては、6年間の見通しを考えながら、その学年のカラーに合わせて臨機応変に実施します。そのために毎週1回『学年会』という会議を2～3時間行っています。各クラスの担任と、その学年に関係がある先生がたが情報交換をして、学年の先生全員で一人ひとりを見ていく体制をとっています」（黒田先生）

こうして、入学当初から生徒が伸びのびと生活できる環境づくりに力を入れ、学年全体の力、生徒個人の力を伸ばすことにつなげるのが鷗友学園女子の進路進学指導です。

SCHOOL DATA 鷗友学園女子中学校

Address	東京都世田谷区宮坂1-5-30
Tel	03-3420-0136
Access	東急世田谷線「宮の坂」徒歩4分 小田急線「経堂」徒歩8分
URL	http://www.ohyu.jp/

Check!! 鷗友学園の日常をブログで綴っています！

鷗友学園のブログ「鷗友徒然草」では、学園の何気ない日常をさまざまな角度から紹介しています。またTwitterとFacebookでも同時に配信しています。ぜひご覧ください。
→http://www.ohyu.jp/blog

Study Skills ～すべてを備えて、世界へ～

茗溪学園の目指す人間像

困難に直面しても、希望を抱いて勇気をもって立ち向かおうとする。人間や生き物への深い愛情を胸に、価値観の異なる人たちとも連帯して解決していく、そういう青年を育てます。

このような教育のノウハウのひとつが“茗溪Study　Skills”です。基本的な階層からスパイラルに、繰り返し繰り返し体験し、思考し、少しずつ身につけていきます。

Study Skillsとは　～21世紀に求められる力～

茗溪学園の考えるStudy　Skillsとは“自ら学び・成長していく能力”の基礎となるものです。現代社会において、常に新しい知識や技術を学び取っていく力こそが、社会で活躍するために必要とされています。

茗溪学園の教育は特定の能力のみを伸ばすことではなく、ひとりの生徒のトータルでのパフォーマンスを向上させるようにデザインされています。これこそが茗溪学園の卒業生が社会で高く評価されている所以です。

また、単なる学習にとどまらず「体験を通して学習し考えること」、「必要な情報を自ら収集し取捨選択し再構成すること」、「思考し構成した情報を記述し表現していくこと」、という高い目標が設定されています。

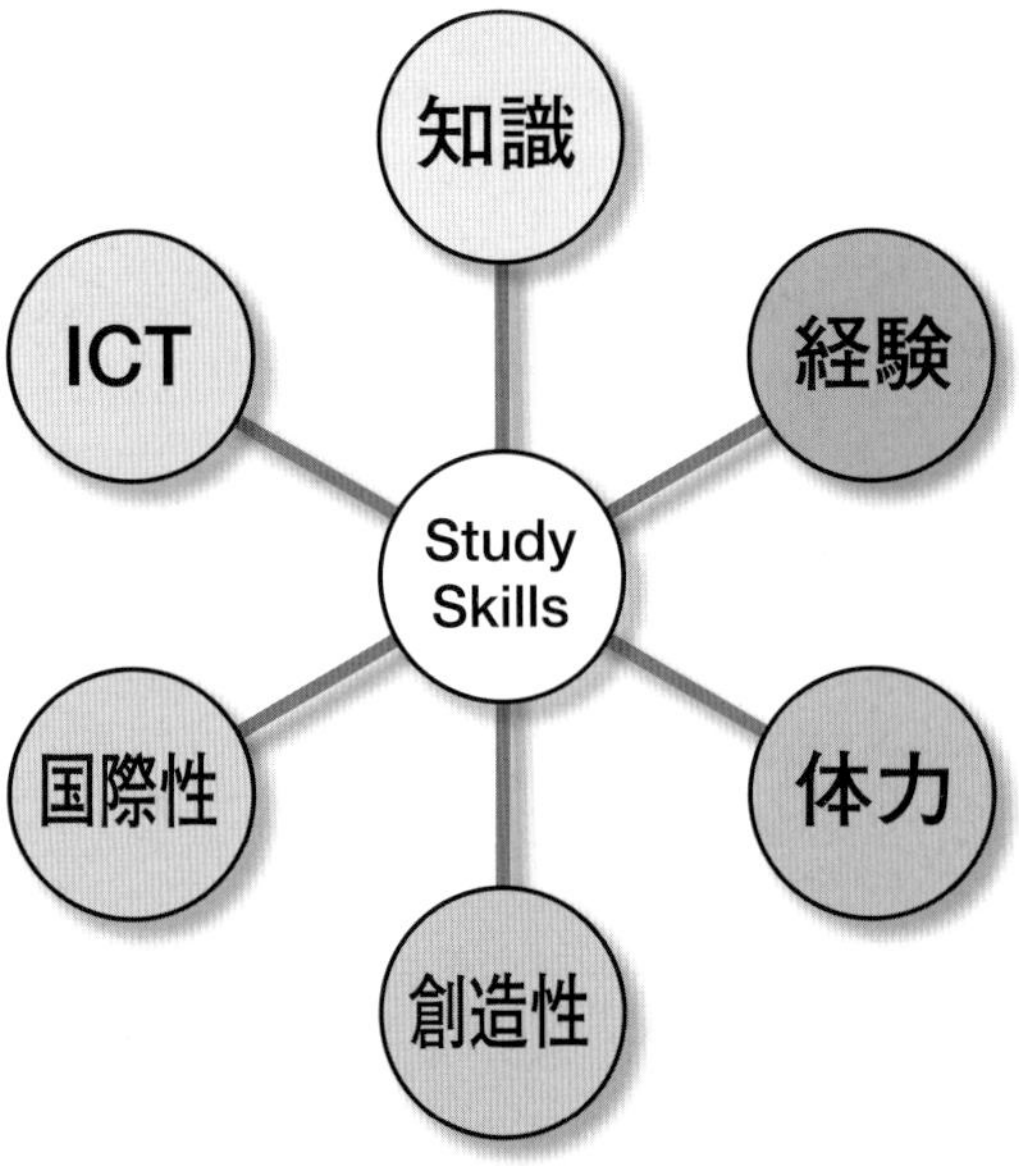

◆平成25年度　入試日程◆

	推薦入試	海外枠入試	一般入試（第1回）	一般入試（第2回）
募集人数	男女100名	一般入試に含む	男女110名	男女15名
試験日	12月22日（土）		1月13日（日）	1月26日（土）
筆記試験	国語・算数	A方式:英語 B方式:国・算	A方式:英語 B方式:国・算・社・理 （海外生2科目選択者は国・算）	総合学力試験
面接試験	一般入試（第1回）B方式国内通学生を除く受験生全員に面接あり。 寮生および海外枠受験生には保護者同伴面接あり。			

茗溪学園中学校高等学校

※茗溪学園は東京教育大学・筑波大学の同窓会「茗溪会」が1979年に創立しました。

〒305－8502　茨城県つくば市稲荷前１－１
ＴＥＬ：０２９－８５１－６６１１（代）／ＦＡＸ：０２９－８５１－５４５５
ホームページ：http://www.meikei.ac.jp　／e-mail：kouhou@meikei.ac.jp

Nihon University Buzan Girls' Junior High School

日本大学豊山女子中学校

学校説明会

● 10:00 本校講堂 保護者・受験生対象

平成24年 **11月24日(土)・12月8日(土)**

平成25年 **1月12日(土)**

※学校説明会開催日の「赤羽駅」「練馬駅」からのスクールバスは運行しておりません。お帰りの際は、JR線「赤羽駅」、都営大江戸線・西武池袋線「練馬駅」行きのスクールバスの運行を予定しております。

※ 説明会終了後に個別面談・施設見学ができます。予約不要。

入試日程

● 入学手続 2月9日(土)12:00まで

		募集人数	試験科目
第1回	平成25年 2月1日(金)	70名	4科(国・算・社・理)
第2回(午後入試)	平成25年 2月2日(土)	20名	2科(国・算)
第3回	平成25年 2月3日(日)	50名	4科(国・算・社・理)
第4回	平成25年 2月4日(月)	20名	4科(国・算・社・理)または2科(国・算)

※詳細は募集要項でご確認ください。

学校見学

● 平日 9:00~16:00 ● 土曜日 9:00~12:00

随時受け付けています。事前に電話予約をお願いします。

▼ 携帯サイトへ

〒174-0064 東京都板橋区中台3丁目15番1号 TEL・03-3934-2341 FAX・03-3937-5282

http://www.buzan-joshi.hs.nihon-u.ac.jp/

日大豊山女子 検索

● 東武東上線「上板橋」駅下車 徒歩15分 ● 都営三田線「志村三丁目」駅下車 徒歩15分
● JR「赤羽」駅西口より高島平操車場行きバス「中台三丁目」下車 徒歩5分
● 西武池袋線「練馬」駅より赤羽行きバス「志村消防署」下車 徒歩10分

赤羽・練馬より スクールバス運行	
JR赤羽駅 ⟷ 本校バスロータリー	15分
練馬駅 ⟷ 本校バスロータリー	20分

親子で協力して「合格」を勝ち取ろう！

万全の準備で「合格」に向けてのラストスパートを

みなさんが本書を手にされる年末からお正月にかけての時期は、いよいよ中学受験に向けてのカウントダウンが始まるころです。入試までの日数が減ってくるにしたがい、なにかとご心配や不安もあることでしょう。このラストスパートの時期にどんなことに留意したらいいのかについて本特集ではまとめてみました。

受験校を決定しよう！

11月以降において、最も大切なことは実際に受験する中学校を絞っていくことです。これまで、いくつかの学校を検討し、また学校説明会などを通じて受験校を考えてきたことでしょう。この時期には、出願校を最終決定する必要があります。

のちほど述べますが、直前期における有効な学習法として、各中学校の過去出題入試問題の演習があります。それを効果的に進めるためにも、受験する学校を早めに決定して準備にあたることが肝要となります。

言うまでもないことですが、志望校・出願校の決定は、あくまでお子さんに合った学校を選ぶことが大前提となります。受験する以上、合格したら進学することを考え、各校の校風や雰囲気が、お子さんに合致しているかどうかを、しっかり確認してください。

受験ですので、まず合格可能性が気になるのは当然です。合否を分ける現在の成績、すなわち偏差値によって学校選択をしがちな面があることは多くの受験生に共通しています。

しかし、偏差値は合格の可能性をしめす、ひとつの指標にすぎません。偏差値だけにとらわれない学校選びをするようにしたいものです。

お子さまの個性を見極め、学校文化や諸活動もふくめて、お子さまにピタリと合った学校を探してみましょう。実際に通学するお子さまが「ここなら行ってみたい」と思える学校を探すことができたなら、それは合格に一歩近づいたと言えます。

さらに、昨今の中学受験においては、学校選択における大きな選択基準のひとつとして各校の大学合格実績数値があります。6年後の大学入試を視野に入れて中学校を選択するのですが、ここでひとつ注意していただきたいことがあります。

それは、大学合格実績を見るときに、たんに難関大学や有名大学、または難しいといわれる医学部合格者などの数値のみに目を奪われないようにすることです。各校の発表形態にもよりますが、同一人物が複数の大学・学部に合格している場合も少なくありません。これとはちがって、大学合格者数ではなく、実際に進学した数のみを発表している学校もあります。

さらには、各校の1学年における定員数が異なりますので、一概に合格者数だけで比較することは適切ではありません。

また、現役での大学合格という観

合格 万全の準備で「合格」に向けてのラストスパートを

点も重視されますが、見方によっては男子校の上位進学校などにおいては、現役時に第1志望の難関大学に合格できなかった場合には、翌年、再チャレンジするという事例も多くあります。単純に現役合格率の数字を追うのではなく、その中身を吟味する必要があります。

また、志望学部のちがいも考慮する必要があります。文系学部の場合には併願幅が広くなることから、合格者数の点では多くなりがちです。ですから理系志望の受験生が多い学校の場合には、合格者数的には少なくなることもあります。

私立中学校を選択するということは、その学校の教育を選ぶことです。中等教育の目的は大学入試を突破することだけではなく、可塑《かそ》性に富んだ中高時代を、より充実した教育環境のもとで過ごすことにあります。各校が建学の精神に基づき、個性的な教育活動を展開しています。各校ごとに異なった校風のもと、さまざまな個性を持った学校が数多くあります。志望校選定にあたっては、そうしたことも考慮して、お子さんの性格や個性に合致した学校を選んでください。

解消すべき不安とやるべきこと

勉強時間よりも内容を重視した学習を

秋以降にもなると、小学校6年生なりに中学受験生としての自覚が生まれてくるようになるものです。個人差はあるものの、受験に向けてがんばろうという意識が芽生えてきます。それが学習意欲となって表れ、各人がそれぞれ意欲的に学習に向かうようになります。

これは中学受験の持つ大きなメリットのひとつです。自ら進んで勉強しようという意欲を持つことは貴重なことです。受験生本人がラストスパートを意識して勉強することは、学力向上のみならず、ものごとに意欲的に取り組む体験につながります。

生活面においては、進学塾から帰宅した以降の時間も勉強したいということで、どうしても夜遅くまで机に向かうことになりがちです。お子さんのやる気が出たときには、温かく見守り、激励してあげていただきたいと思います。

ただ、あまりに夜遅くまで勉強することで、極端に睡眠時間が減ってしまうような場合には、適切なアドバイスをしてあげましょう。一定の睡眠時間を確保することで学習効果も定着し、ほんとうの学力となっていきます。

ですから、睡眠時間を大きく削ってまで勉強しても、その効果は小さく、むしろきちんと睡眠をとり、脳を活性化させるような生活を送るほうが合格への近道なのです。

したがって、学習時間を確保することは大切ではあるのですが、同時に、きちんと睡眠時間もとるような日々を送ることは、より重要なこととなります。

進学塾でも、これまで同じ分野を繰り返し学習してきました。そして、その確認を日々行っています。学習は分量ではなく、これまで習った事項を、どれだけ整理して自分のものにできているかどうかが課題です。この時期になると、かなりの分野において、すでに学習した内容を定着させることが重要になります。つまり、すでにインプットの時期は過ぎ、必要なことを適切にアウトプットできるかどうかがカギとなるわけです。

そのためには、問題に落ち着いて取り組み、題意を的確に把握して、自分のもっている知識のなかで考えて答案をつくっていく力こそが重要です。いたずらに勉強時間を長くしても、そうした力を養うことはできません。集中して、いま自分に必要な学習はなんであるのかを考えていくようにしたいものです。

家族で受験生の心と身体のケアを

受験生にとってなによりやっかいなのが、受験が近づいたことへの精神的なプレッシャーやストレスです。受験勉強というものは、どこまでやっても、これでいいとは思えないものです。勉強すればするほど不安になる箇所も多くなりがちです。

そうした精神的な要素から、「果たして合格できるだろうか」とだれもが不安になります。受験生だけではなく、ご家族のみなさんも同様に心配になることでしょう。

しかし不安に思う必要はありません。多くの受験生が同様の状態にあり、学習到達状況が心配になるということは、それだけこれまで努力してきたという証でもあるからです。

こうしたときには、心と身体をリラックスさせるための気分転換を心がけてください。家族で散歩をしたり、ちょっとしたレクリエーションを企画するなど、無用なストレスをためないように留意しましょう。精神的に落ち着いて過ごすことで、つねになにをすべきかが明確になり、しだいに無用な不安が解消するものです。

精神面の安定のため、志望校のオリジナルグッズを入手したり、合格祈願に家族で出かけるようなこともいいでしょう。受験に一途になるあまり、追い詰められた気分になるのではなく、入試を楽しんでやろうというような気持ちで臨むようにしましょう。

同時に、体調の管理には周囲のご家族のみなさんにも万全の注意をしていただきたいと思います。バランスのとれた食事を心がけ、じゅうぶんな睡眠の確保によって、体のコンデションを整えるようにしてください。

また、意外に忘れやすいことですが、歯の健康も大事です。虫歯だけは放置しておいても自然治癒することは考えられません。なるべく早めに歯科医を訪れ、入試日程を歯医者さんにご理解いただき、適切な処置をほどこしてもらってください。入試直前に歯科診療が必要になると、それだけでも大きな負担となります。

さらに、冬場になると風邪やインフルエンザの流行にも注意しなければなりません。インフルエンザについては家族全員で予防接種を受けたり、帰宅時に手洗いとうがいを励行するようにして、家中でだれも風邪をひかないようにしたいものです。

受験するお子さんをサポートするご家族にとって重要なことは、受験スケジュールを前もって確認しておくことです。いわば、「合格カレンダー」を作成して、受験を迎えるまでのスケジュールを一覧できるかたちにしておきましょう。

この「合格カレンダー」には、いつまでに願書を入手するか、出願の日付、事前面接がある場合にはその日時、入学試験日、入試等の付き添い者、合格発表日時、合格発表形式(掲示板かインターネットかなど)などを記入しておき、家族だれもがわかるようなカレンダーをつくっておきましょう(後述77ページ参照)。

合格　万全の準備で「合格」に向けてのラストスパートを

学校が主催する入試問題解説会への出席

近年、12月から1月にかけて、多くの学校で「入試問題解説会」が実施されるようになりました。これは、各校の前年度出題問題を教材として出題のポイントや注意事項などについて受験生に説明されるものです。保護者には同時刻に学校説明会が催されるのがふつうです。

この入試問題解説会では、実際の入試と同じ時間制限のもと、受験する教室と同条件で問題を解くことが体験できます。すでに、前年の問題を解く演習を終えていたとしても、受験する学校の教室で問題を解き、その直後に問題内容について説明を受けられるのは大きな利点となります。出題の意図や採点上の注意点なども受験校の先生から直接に指導を受けられますので、そうした機会があれば、積極的に利用するようにしてください。

ことに、記述問題が多い入試問題を出題する学校においては、どのようなことをどのくらい書けばいいのかという点について詳しく説明されます。また、完全な正解でなかった場合でも、どのような要素がふくまれていれば部分点が与えられるのかなどについてもお話があります。さらには、算数において「途中の式や考え方を書きなさい」という設問法式の場合に、なにをどう書けばいいのかという貴重なアドバイスがあります。

年末から年始にかけては、日程的にも忙しい時期ではあるのですが、この入試問題解説会は受験生にとって現実的なメリットが数多い機会ですので、ぜひ参加されることをお勧めします。

また、ご家族の方にとっても、最後の学校説明会の機会となります。志望校を最終的に絞りこめていなかったり、複数の学校間でどちらの学校を志願するか迷っている場合にも判断材料とするために有益です。

各学校へのアクセスも入試本番を考慮して再確認できます。実際の入学試験日には、どのような事態が発生するかわかりません。最寄り駅からの道順を含め、使用する路線も複数ある場合がありますので、当日、想定外のできごとが起きたとしてもあわてることがないよう準備しておきましょう。

志望校や入学試験会場入学手続きなどの下見と準備

前述した入試問題解説会が開催されない学校についても、受験校や受験会場の下見は、可能であればしておいた方がいいでしょう。受験生本人は同行しなくてもいいので、保護者のかただけでも、1度は実際に足を運んで学校へのアクセスを確認してみてください。

「すでに学校説明会に行ったことがあるから」と安心せず、入学試験が実施される時間帯に合わせて予行演習と

して確認してみるようにしましょう。説明会が実施された時間帯とは異なり、朝の通勤・通学時間帯は混雑状況もちがいますし、交通機関の運行状況にも相違があります。また、平日と休日で私鉄各社の場合、通勤快速、特急列車の有無にちがいがあることもあります。

中学入試が実施される時期は、首都圏においても降雪があり、交通網が大幅に混乱することがよくあります。そうした場合の代替交通手段も前もって確認しておけば、当日にあわてることがないはずです。

さらに、学校によっては学校以外の校外の施設を利用して入学試験を実施する場合があります。寮施設のある学校の首都圏入試などの場合には、その会場確認を必ずしておくようにしたいものです。こうした別会場入試では、

保護者が試験時間中に待機しているスペースが用意されていなかったり、あっても狭小で入りきれないこともあります。会場付近に、待機できる場所を探しておくといいでしょう。

また、合格発表後、入学手続きを迅速にしなければならない学校もあります。発表当日もしくは翌日までに費用を納入して手続きが必要な場合もあります。そうしたとき、学校の近くに金融機関があるかどうか、コンビニエンスストア等のATMを利用できるのかどうかなども事前に調査しておくといいでしょう。それぞれの学校の手続きにおいて費用納入が銀行振りこみであるのか現金で学校窓口に納入するのかなども含めて、きちんと確かめておくようにしましょう。

入学試験に着ていく服装等について

入学試験にどんな服装で臨むのかは、前もって決めておくようにしましょう。入試だからといって、特別な服装を意識することはありません。服装によって合否に影響がないことは各校とも明確に説明されています。

とはいえ、面接が実施される学校の場合、多くの受験生が少し改まった服装で臨むことが多いようです。ことに女子受験生においては、きちんとした服装をするのがふつうです。しかし、こうした格好をしなければいけないという決まりや、服装で評価されることは一切ありません。

どんな服装でもかまわないのですが、注意することは、周囲の受験生とあまりにかけ離れた服装であった場合、ご本人がそのことを必要以上に気にしてしまい、それが原因で実力をだしきれないという事態だけは避けなければなりません。

では、どのような服装が通常であるのかと言うと、面接に臨む場合、無地の紺色かグレーのブレザー、セーター、カーディガン、同系色のズボン、女子なら無地もしくはチェックのスカートなどが一般的です。新調する場合には、中学生となっても身につけられるようなものを選択するといいかもしれません。

また、すでに受験を終えられた知り合いがいれば、どんな服装で入試に臨んだのかアドバイスがいただけるでしょう。サイズ的に合うようなら受験期のみ貸していただく場合もあるようです。合格した知り合いが身につけたという縁起のよさもあり、そうしたことも受験の知恵のひとつかもしれません。

この受験日に着る服は、当日、初めて身につけるいうことのないようにしましょう。ある程度、服に慣れ、違和感がないようにしておくことです。模擬試験や塾などに着ていくなど、着心地を確かめておいたほうが無難です。セーターなどの場合、首回りがチクチクしないかどうか、サイズが合っているかなども実際に身につけて確認しておくようにしましょう。同時に、下着についても、新品を当日、身につけるのではなく、一度洗濯をして水を通しておくほうが無難です。これらは、受験生本人がすることではなく、ご家族がちょっと気を配るだけでできることですので、ぜひ心がけてみてください。

面接についての注意事項は本誌55ページで述べていますので、参照してください。

なお、ふだんメガネを着用している受験生の場合、メガネの再確認を早めにしておくようにしましょう。なるべくなら慣れたメガネを使用すべきですが、成長期でもあり、場合によると度

が進んでいて目に合っていないこともよくあります。それだけ学習してきた結果でもあるわけですが、度の合っていないメガネは、よく見えないばかりではなく、そのことが原因で実力を存分に発揮できない事態にもなりかねません。

視力の確認とメガネが合っているかどうかを、この時期に確かめておくようにしましょう。メガネの買い換えが必要な場合には、早めに購入し、慣れておくことが必要です。直前になってメガネを新調して慣れないうちに入学試験を迎えるということがないようにしたいものです。

なお、この時期にメガネからコンタクトレンズへの移行は慎重に臨んだほうがいいでしょう。成長期でもあり、コンタクトレンズが望ましいかどうか、またコンタクトレンズに体が慣れるまでに一定時間を要することもあり、なるべくなら体に違和感のない状況で入学試験にのぞめるように心がけます。

メガネを着用している場合には、入学願書に貼付する写真もメガネを着用して撮影するようにしてください。本人確認のための写真でもあり、学校によっては受験時のメガネ着用での写真を貼付することが明記されていることがあります。

出願の準備は細心の注意をもって

志望校については大まかな方針が決定し、併願校をふくめて受験可能性のある学校は選び終えているころだろうと思います。

次の準備としては、各校の入学願書を入手して、願書に記入する作業となります。入学願書については、なるべく早く入手するに越したことはありません。

留意していただきたいのは、その願書が当該年度のものであるかどうかを確認することです。場合によって、早い時期の学校説明会に参加し、まだ新年度願書ができていなかったときには前年度の願書が参考のために配付されていることもあります。なかなか気づきにくい点ですから注意するようにしましょう。実際に前年度の願書に記入してしまい、出願窓口で指摘されて書き直したというかたもおられ、意外に少なくない事例のようです。とくに進学塾などから出願書類一式をいただいてきた場合には、前年のものが混じっていることもマレにあるようですので確認してみてください。

入学願書は中学受験の場合、保護者が記入することが原則です。記入は冬期講習が開始される年末でも間に合いますが、首都圏において、千葉県・埼玉県・茨城県の私立中学校ならびに、寮のある学校の首都圏入試は1月初旬から順次、実施されていきますので、年末のあわただしい時期に願書記入を

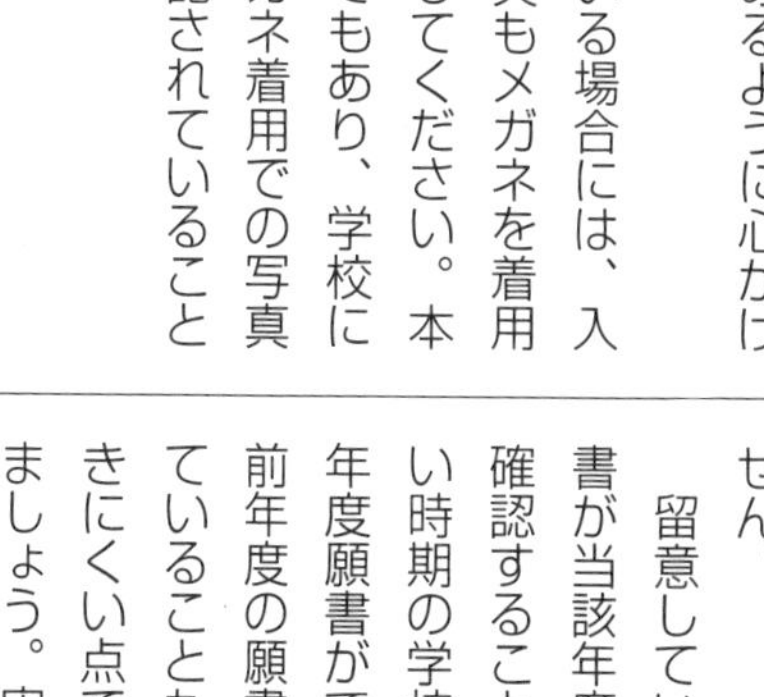

行うのは避けた方がいいかもしれません。早め、早めの準備が望まれるところです。

　願書に貼付する顔写真、小学校の通知表コピーや健康診断書などの添付書類が必要かどうか、受験料は銀行振り込みなのか窓口で現金納入なのかなどについても学校ごとに異なりますので、あらかじめ確認しておくようにしましょう。

　こうした出願に伴う準備は、併願校も含め、志願する可能性のある学校のぶんも忘れずに用意しておくようにしてください。合否結果次第で受験を考えている学校についても、願書記入は直前にするとしても、写真や各種書類等については前もって用意しておき、迅速に対応できる態勢とするようにしたいものです。

　このような出願書類ですが、その保管場所をひとまとめにしておき、どこにしまったのかすぐにわかるようにしておきます。そして、各校ごとにクリアファイルなどに収納し、外から見てすぐに内容が判明するように保管しましょう。

　願書の記入は、冬休みが終了する前には遅くとも完了し、出願に備えるようにしましょう。

　願書記入の注意事項と記入の仕方については、本書46ページに詳細が掲載されていますので参照してください。

冬期講習の時期以降の過ごし方

無理のない「朝型」への切り替え

　一般に入学試験は、朝から実施されます。人間の脳は起床後、すぐには完全に機能せず、一定時間が経過した後に脳が働く仕組みであることは広く知られています。

　そこで、生活パターンを朝早く起きる「朝型」に移行していくことが望まれます。人間の体は、すぐには環境に対応できない面もありますので、一定期間をかけて徐々に体を「朝型」に慣らしていきます。

　おおよその目安として、冬期講習の時期から生活のリズムを早寝早起きに変えていくといいのではないかと思います。

　この点については、あまりに神経質になることはなく、少しずつ就寝時間を早め、そのぶん、朝早く起きる生活に移行するようにしてください。急激な変化は体調を崩す原因ともなりかねません。無理なく起きられるように移行することがコツです。

　「朝型」というと、とかく早い時刻に起床する点だけに焦点が合わされてしまいがちですが、目的は脳を働かせることにあります。

　目が覚めるだけではなく、脳が早く起きたことを実感できるようにするため、起床後、窓を開けて朝日を体にあびたり、外気を取り入れるようにすることも大切です。

　さらに、短時間でかまいませんから、早起きしたら漢字練習や計算問題を解くなど頭を働かせる習慣をつけていきましょう。前夜に学習した理科や社会の暗記事項の再確認をしてもいいでしょう。

　「朝型」への移行は、最終的には入学試験開始時間の約3時間前に起床できるようにすることが目標です。睡眠時間はきちんと確保し、脳内に睡眠誘発物質が生成されて眠気が残っているようなことがないようにしなければなりません。

　これまでは夜遅くまで勉強をがんばってきたわけですから、たとえ朝、少し勉強をしたとしても、早く就寝することで、若干の学習量の減少を伴います。

　でも、このことを不安に思う必要はありません。入学試験において、持てる実力をいかんなく発揮することが重要で、もうこの時期において学習量をうんぬんいうことに意味はないからです。

　万全のコンデションで入試問題に向かうことが、この時点においてもっとも重要なことです。

　繰り返しますが、「朝型」への移行においては、そのために体調を崩し、コンデションを悪くすることがないように、くれぐれも無理をせずにおこなっていただきたいと思います。

家族で受験生に協力を

　この時期になると受験生は、非常にナーバスになるものです。それは、成績がどうかとは関係がなく、小学校6年生が自身の力だけで合否が伴う入学試験にチャレンジしようとするのですから、いろいろな心配や不安が生じて当然のことなのです。むしろ、そうした経験ができることが、長い目で見ると中学受験をする大きなメリットでもあります。

万全の準備で「合格」に向けてのラストスパートを

受験へのプレッシャーは想像以上のものがあるのですが、苦労しながらも、それを乗り越えていくことが貴重な経験となります。中学受験を経験して、6年後に大学受験を終えた人たちが、「中学入試をした経験があったので、大学受験は少しも苦にならなかった」と述懐することが多いのも、このためです。

そうしたプレッシャーは、受験生だけが立ち向かうのではなく、家族みんなで応援しつつ中学受験に向かっているという姿勢を見せることで励ましていただきたいと思います。

最後の追いこみ時期ですので、なかなか夕食を家族そろってとることは少ないかもしれません。でも、朝食は家族みんなで顔を合わせるように工夫したり、さりげなく時事問題についても話題にするようにして、側面からの支援を心がけましょう。

そしてふだんは忙しいお父さんも、できる範囲で中学受験に参加する姿をお子さんに見せていただきたいと思います。受験校の下見、交通手段の検討、合格発表の確認方法など、お父さんが活躍できる場面も多いのが中学受験です。

中学受験に直面しているときは、その大変さに家族も閉口しがちであるのは事実ですが、受験を終え、何年も経過したあとに思い出したとき、ある意味で子育ての醍醐味だったと懐かしく思い出されるものでもあります。

中学受験の意味づけのひとつには、受験生だけではなく、家族全員参加で臨むことができ、家族の一体感を現実的に感じられるところにあります。そして、それこそが「合格」を得る最大の力となるのです。

入試直前期の過ごし方

受験生にお正月はなく、冬期講習を終えると、すぐに入試本番の到来です。

千葉県・埼玉県・茨城県などの私立中入試は、1月早々から第1回目が開始されます。地方の私立中の首都圏入試も同様です。

これらの入試には、東京都や神奈川県の受験生も、試験慣れを目的として数多く参加し、いよいよ入試の開始となります。

この直前期においては、体調の保持、健康管理になにより注意するようにしましょう。風邪をひかないことは、受験生だけでなくほかの家族においても重要なことです。

そして、生活の基本は「いつもどおり」にすることです。入試直前だからと、特別なことをするのではなく、ふだんと同じように小学校に登校し、学校生活を送るようにします。

入試対応を意識しすぎるあまり、無理をして学校を休ませて勉強させるという手法は得策ではありません。小学校の友人たちと過ごす時間は、受験生にとってはリラックスタイムでもあり貴重な時間なのです。

受験日には学校を欠席することになります。前もって、担任の先生には受験日程をお知らせしておくようにしましょう。

これは中学受験をする際の忘れてはならないマナーのひとつです。

お父さん、お母さんは、不安になりがちなお子さんを励まし、「あれだけやってきたから大丈夫」とぬくもりのある言葉をかけてあげてください。ゆったりした気持ちで直前期を過ごすことこそ、合格を勝ち取る秘訣なのです。

入学試験前日の注意

受験生だけでなく、ご家族のみなさんにとっても「入試前日」は非常に緊張することだろうと思います。当日は、入試の付き添いも含め忙しく過ぎますが、前日はどうしてもピリピリした緊張感につつまれるものです。

でも、ここでもリラックスすることが大事です。入学試験の前日ですから緊張するなという方が無理です。でも、「やるだけやった」という意識で、明るく笑顔でお子さまに対応してあげてください。

入試前日だからといって、特別なことはする必要はありません。それぞれのご家庭で、ふだんと同じように1日を過ごすようにしましょう。自然体で対応することが第一です。

また、お子さんによっては「塾の先生に会ってきたい」ということもあります。緊張感の表れですが、あまり帰宅時間が遅くならないようにしましょう。

塾の先生は多くの受験生を送り出したプロですので、きっとリラックスできるアドバイスをしてくれることでしょう。

夜にはお風呂にゆっくり入り、身も心も落ち着かせて早めの就寝を心がけましょう。ときには、緊張のあまり「眠れない」ということもあるようですが、あまり気にせず床に入るように声をかけてあげてください。やがて自然に眠くなることでしょう。

入試会場への持ち物チェック

前日には、入試に持っていくべきものの確認をするようにしてください。万が一の忘れ物がないように、お家のかたがいっしょに確かめるようにしましょう。

ただし、実際にかばんに入れるのは、そのものを使用するお子さん本人にさせるようにしましょう。どこになにを入れたのかを自分でわかっていることが大切だからです。

これらの持ち物については、「チェック表」（本誌75ページ）を参考にして準備してください。

万全の準備として、天気予報を確認し、翌日が雨や雪の場合には、長靴、雨具、替えのソックス、タオルなども玄関先に用意しておくといいでしょう。突然の降雪の場合には、これらを忘れがちです。

入試当日とその後

試験会場に時間的余裕をもって着くようにしましょう。交通手段としてはタクシーや自家用車の利用は控え、ほかの公共交通手段を選ぶようにします。万が一の遅れにも対応が可能となります。

そして、受験票を忘れてしまったような場合があったとしても、家に戻る必要はありません。入試会場でその旨を申しでれば、本人確認をして受験することができます。

入試を終えたお子さんは、終了した問題について気にしていることが多いのですが、さっと確認する程度におさめ、できなかったとしても後に引きずることがないようにしましょう。入試は連続して行われます。済んだことを気にするより、次に向かって前向きに取り組むことが大切です。

近年はインターネット等で、入試即日の合格発表を実施する学校も増えてきました。残念ながら思わしくない結果が出たとしても、それを気にしすぎることなく、翌日以降の入試に備えて、気を取り直してがんばれるよう励ましていきましょう。

入試は必然的に合否を伴います。第1志望校と縁がない場合もあるかもしれません。

しかし、これだけ努力してきたのです。胸を張ってつぎのステージに向かっていきましょう。前途あるお子さんの未来を心から応援していってあげてください。

2013
平成25年度

Bunka Girls' Junior High School

文華女子中学校

学校説明会・体験学習日程

● 2013年度入試 文華女子中学校と出会う日!

学校説明会

▶ **11/10(土)** 10:30〜12:00

保護者による学校紹介

体験学習(オープンスクール)

▶ **12/24(祝)** 10:00〜13:00

入試体験・ミニクリスマス会

● 個別の相談ができる日もあります!

個別入試相談日(要連絡)

▶ **11/3〜12/23の土・日・祝日**

10:00〜15:00

▶ **1/8〜1/31の毎日**

10:00〜15:00

※上記以外の日は、お問い合わせください。

入試問題解説会

▶ **12/1(土)** 14:00〜15:30

「適性検査入試問題解説と対策」

▶ **1/20(日)** 10:00〜12:00

「直前対策解説会」

● 小学4・5年生対象です。

入試報告会

▶ **2/24(日)** 10:00〜12:00

入試結果報告・校舎授業見学・懇談

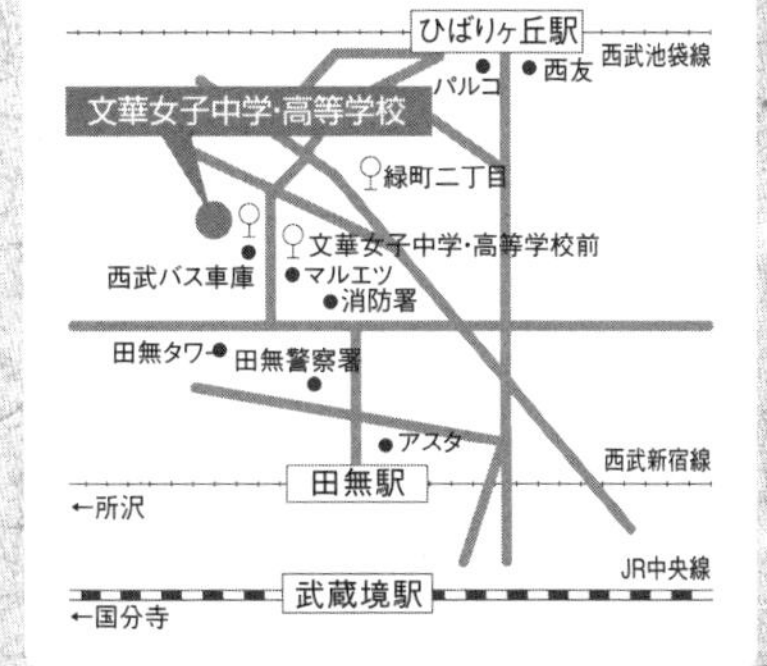

学校法人 日本文華学園
文華女子中学校

http://www.bunkagakuen.ac.jp/

Eメール:jnyushi@bunkagakuen.ac.jp

〒188-0004 東京都西東京市西原町4-5-85

TEL.042-463-2903(事務) TEL.042-463-3161(教務)

FAX.042-463-5300

入試直前期の学習アドバイス

入試まであと２カ月を切ったこの時期、模擬試験の判定がのぞむものでなかったといってやみくもに勉強するのは効率的ではありません。入試までの残り時間とやれることはかぎられています。「合格」までの最短距離でどのように勉強すればよいのか、各教科別に勉強方法を紹介します。

スコアアップで合格へ

中学入試まであとわずか。それぞれの受験生のみなさんが最後の追いこみ学習に取り組んでおられることと思います。学習の中心は、過去出題問題の演習など実戦的な学習によって得点力アップをめざすことが中心でしょう。

ここでは、最後の「スコアアップ」戦略についてお話しし、合格に向けての具体的な学習方法を考えてみたいと思います。なお、公立中高一貫校の適性検査に向けての対策は、30ページ以降の特集をご参照ください。

基礎基本の確認がなにより大切

入学試験を間近に控え、それぞれのご家庭で、より入試本番を意識した総まとめの学習に入っていることでしょう。この時点において、最も留意すべきことは、すべての範囲にわたって復習しようと考えないことです。広く勉強したいというお気持ちは理解できますが、できる範囲をきちんとおさえる方が効果的なのです。

まず基本方針として、最後の模擬試験の結果を進学塾の先生ともご相談のうえ、「できていない部分」がどこなのかを見極め、その部分を重点的に学習することが合格に結びつく勉強法となります。

すでに、中学入試における重要事項は塾で2～3度は繰り返し学習しています。今後、冬期講習においても再度、総まとめの学習をしていきます。

受験は広い範囲から出題されます。そのなかで少しでも得点していくためには自分の弱点を知り、そこを克服していくことが大切です。

苦手科目や不得意な分野を重点的におさえていく学習を心がけてください。この時期以降は、志望校の過去問題演習を中心に学習することになりますが、時間的にすべてをこなすことは困難な場合もあります。そのときには、各科目の領域別・分野別に問題を分析し、各自の弱点項目のみを選別してポイントをおさえていく工夫をするようにしましょう。

中学受験は、けっして満点をとらないと合格できないものではありません。合格ラインを突破すればいいのですから、完璧を期すのではなく、得点できる問題を確実にゲットするという方針でのぞむことです。いたずらに難問に取り組むことは、この観点から得策とはいえません。

この時期以降の過去問演習では、志望校の出題傾向を知り、問題に直面したとき、自分なりの解答順を即座に判断できるようにし、できる問題を着実に得点できる実践力を培うことが目的です。難問と判断し、あえて解こうとしない問題もあっていいのです。

さらに、直前期だからこそ意識していただきたいのが、社会・理科などでの時事問題です。ご家庭での会話のなかで、さまざまな事項について話題にしていくことで対応することが効果的でしょう。

いずれにしても、学習のメインとして基礎・基本を改めて確認することがなにより重要です。以下、各科目ごとの大切な学習ポイントについて述べていきます。

国語

近年の明確な傾向として、国語の出題文が増加しています。長文を「素早く正確に」読み取る能力を試す問題が増えています。

説明的文章では、①具体例の直前・直後に要点が述べられていることが多いこと、②文末表現、接続語、繰り返しの部分などに解答のカギが隠されている、という2点にとくに注意しながら読み進めるようにしましょう。

物語文などの文学的文章では、登場人物の気持ちを理解することが重要です。「できごと、心情、行動」の3つの観点から内容を的確に読み取っていくことがポイントです。

さらに、言語的要素では、これからの期間、毎日少しずつ確認していきましょう。多くの学校で出題される「漢字の読み・書き」は確実に得点したいジャンルの代表です。やればやっただけ得点に反映するものです。同音異義語、同訓異字も大切なポイントです。「精算」「清算」「成算」などの使い分けは、言葉の意味をおさえたうえで覚えていきましょう。

つぎに出題頻度の多い「語句の意味・用法」も、おさえておきたい事項のひとつです。ことに慣用句は意味を理解していないと正解にたどりつけません。

国語で得点差がつくのは、一見、やさしそうにみえる言葉でありながら、語句の意味を正確にとらえていないと答えられない問題です。丸暗記するのではなく、それぞれの言葉の意味を確認して定着させるような学習をするようにしましょう。

対策としては、過去問題などを解いたあと、誤った言葉、知らなかった慣用句などをノートに整理していき、ときどきそのノートを見直して覚えていく方法も効果的です。

算数

算数でも、確実に得点できるジャンルをマスターするようにしましょう。その典型的なものが、計算問題や一行問題です。短時間でやることができるものですので、「朝型」移行によって早起きをして、朝に短時間でいいので取り組むようにしていきましょう。

中学入試問題の算数では、計算力と基礎的な問題の比重が高まりつつあります。基本的な問題だからと軽視することなく、なにが問われ、どう答えるかを確認しつつ、着実に正解をだしていくという過程をしっかり確かめてください。基礎的な問題できちんと得点することが合格の絶対条件です。

　さらに、難易度の高い問題への対応策として重要なのは、そうした問題をどう処理するかです。与えられた条件を図や表にして整理し、そこから解法を導いていきます。関係式を考え、着実に計算していくという過程をおさえましょう。もし、やってみてうまくいかなかったときには、視点を変えたり、ちがう角度からとらえなおすようにしていきます。また、具体的に数値を書きだして、そこから規則性を発見できることもあります。

　算数では、最終的な解答が正解ではなくても、途中式や考え方の記述に対して部分点が与えられる問題を出題する学校も多くなりつつあります。そうした場合への対応も意識して、途中式や解答にいたる図なども書いていく習慣をつけていきましょう。

　算数は、これまで多くの時間をかけてきた科目だろうと思います。いままで習ってきた面積図や線分図、さらには天秤図などを、もう一度整理して復習しておき、問題文を読み、すぐに解法が浮かぶように基本的な問題で復習をしておいてください。

社会

　社会科においても、基本的な知識の総復習が大事です。基礎的な事項をおさえているかどうかが問われ、そこから派生して受験生の理解力・思考力を試すタイプの出題が増加しています。

　最近は、社会において解答形式として記述問題がめだつようになりました。社会の記述解答は、文章力が問われるのではありません。それぞれの事項において用語を丸暗記しているのではなく、内容を理解しているかどうかが問われるものです。自分の言葉できちんと説明できるようにしておきましょう。

　歴史的分野において留意すべきは、近代・現代についてです。ことに「昭和」以降の現代史が各校で多く出題される傾向にあります。受験生の学習順として、古代から勉強してきたため、意外に新しい事項に弱点がある場合が多いのです。ですから、歴史の総復習としては、平成→昭和→大正→明治→幕末期と、年代をさかのぼるかたちで現代・近代史を学習するようにしましょう。その際、政治・経済・社会事象・文化などを横断的にとらえて、その時代の特徴を確認していくことが重要です。

　また、社会においては時事問題もポイントです。最近のニュースや話題になったできごとをテーマとして、幅広い視野での出題がなされます。たんに事実として知識があるというだけではなく、その意味や内容の広がりについて理解しているかどうかで得点差がつくような問題内容です。時事問題についてはご家庭での会話のなかで話題にしていくことが、最良の対策になります。

理科

　理科の出題も他教科と同様に、思考力を問う問題が主流となっています。結果を暗記しただけでは対応できない問題がめだちます。

　基本的な知識をきちんとマスターしたうえで、それらをほかの分野とも関係づけて整理していくような学習をするようにしましょう。

　過去問題を演習する場合には、学校ごとに解くだけではなく、それぞれの分野ごとに横断的に各校の過去問題を解いてみるのも効果的です。そうすることで、各分野に共通する重要事項が明確になり、他分野との関連性もわかってくるものです。

　また、近年、実験や観察に着目した設問が多くなっています。実験・観察の手順、そこに起きる現象、実験を行う注意点なども、よく出題されるポイントですからおさえておいてください。同時に、表やグラフがしめされ、そこから読み取れる内容を問う問題も多くだされています。

　理科においても時事問題は重要で、とくに「環境」に関する問題は社会科との融合的問題も見られるようになりました。環境・エネルギーに関する部分も社会科とともに再確認しておきたいジャンルです。

いまから急上昇!

公立中高一貫校 受検直前対策

公立中高一貫校をめざしている受験生、保護者のかたから聞こえてくるのが、「適性検査への準備の仕方がわからない」「適性検査問題に向けて家庭でできる対策は?」といったご質問です。そこで適性検査まであと2カ月に迫ったいま、家庭でできる直前対策を全国公立中高一貫校の動向、適性検査問題に詳しい若泉敏先生にご紹介していただきます。

親と子でラストスパート 適性検査攻略の直前ポイント

若泉《わかいずみ》 敏《さとし》

公立中高一貫校受検を2カ月後に控えている保護者にとっては、直前になにをすべきかが当面の最大関心事になります。そこで受検1～2カ月前に親子で取り組めることで、効果のあがる対策をご紹介します。教科の単元学習はやってきたでしょうから、①〔あと60日〕では漢字・語句、計算練習、記事の要約、②〔あと30日〕では教科書のあつかい方とその他の取り組み、③〔あと10日〕では過去問の取り扱いについて説明します。

あと60日

①受検直前の2カ月でなにをしておくのか

毎日取り組みたいこと

(1) 漢字の読み書きや語句の練習

漢字の練習をする場合も、私立受験と公立受検にちがいがあります。文章中や短文に読みが書いてある部分を漢字に直すのが、私立中学受験の一般的な問題です。

適性検査では、小学校配当漢字の知識を前提に漢字の運用力・活用力を測ろうとします。ある観点から系統的な知識理解をみようとします。連想を働かせなければいけません。したがって、漢字に触れつづけることに主眼を置きましょう。ゲームや遊びの要素を取り入れて楽しく親子で取り組んでいけばいいのです。

【教科書】(1～6年)を使う場合

巻末にある漢字表を使って、同じ部首の漢字を集めて書きだしたり、熟語の尻とりや頭とりをしたりして工夫して練習する。

物語文・説明文・詩など本文のあとにまとめてある、本文以外の部分を読む。

「ことば」「漢字の知識」「話す・聞く」「調べてみよう」など。

(2) 計算の練習

適性検査で問われる計算力も私立受験の計算問題とちがいます。受験では分数の計算技能が中心です。（小）〔中〕［大］のカッコと分数・小数の入り混じった四則混合計算の練習を継続して行い熟達しなければなりません。

それに対して適性検査では、問題解決のために資料から読み取った数字を用いて計算力を測ります。

最近は分数や比を使った計算もでますが、出題の中心は「割合」や「単位量あたりの大きさ」に

$16190000 \div 127700000$
$54.3 \div 0.084 \times 0.394$

関する整数や小数の単純なわり算です。ただし、右ページ欄外にしめしたように桁数が大きい場合が多く、四捨五入・切りあげ・切り捨てなどをして百分率で小数第1位まで求めるなどがあり、問いに応じてどの位まで数をださなければいけないかの判断力も試されます。私立型受験ではほとんど出題されない計算問題です。

　ところが実際は、小学校の学習で早く習う大きな数や小数のわり算の方が、あとで習う分数の計算よりも計算ミスが圧倒的にでやすいのです。長年算数の指導に携わっている者にはよくわかっていることです。したがって、公立中の受検では市販の計算問題集を使うよりも、過去問の「資料」にでている数字を使う計算練習が効果的です。

【過去の検査問題の資料】を使う場合

　問いにでている計算処理を、別の資料や適当に置き換えた数字を使って練習。

　4桁以上の整数または小数で、かけ算と割り算を合わせて5題ずつ毎日練習。割り算は、四捨五入して概数（百分率で整数または小数第1位まで）にする。

ただし最近は、簡単な分数や比を使って解く問題をだす学校もでてきました。

(3) 新聞記事の要点・要旨をまとめる練習

　ほとんどの学校で課題条件作文が出題される首都圏の適性検査（読解・作文）では、最近は小問数が3〜5と増える傾向にあります。増加する小問は本文の要点や要旨をまとめる字数制限記述問題です。

　小学生新聞などを利用して要約の練習をしてきた人も、少なくとも2カ月前からは、一般紙のコラムや社説を読んで、要旨を書きだす練習をした方が実践的です。適性検査の素材文は、決して子ども向けに書かれた文章ではないからです。ただし一般紙の記事は、子どもにとってテーマが理解不可能なことがらである場合も多いので、親が取捨選択をしなければなりません。自然や環境、文化・芸術、人の生き方や考え方など、子どもが読んでわかる文章、要旨が掴み取りやすい文章を選んで与えてください。また、毎日しなくとも2〜3日に1回くらいでかまいませんから、継続することが大切です。

あと30日

② 受検直前の1カ月でなにをしておくのか

　①に引きつづき、受検を控えて直前1カ月になにをすべきか明らかにしておきましょう。どの程度の漢字の知識が求められるのか、計算処理の程度はどこまでの範囲なのかは学校によってマチマチですから、過去の出題を研究して志望校に応じた力の入れ方を親が判断しなければいけません。

　志望校の適性検査問題に基づいた親の分析力、考察力、判断力が試されますし、子どもに対する的確な指示が求められます。そして親の指示に従って忍耐強く練習をつづけていける素直な子どもが合格に近づくのです。この場合の【素直な子ども】は、親の言いなりに従う「お人形」とはちがいます。親の説明を納得して受け入れ、前進する自立した子どもです。

　さらに、子どもに指示したあとも親は見守りつづけなければいけません。勉強を継続しない子に「どうして練習しないのか」「ダメねぇ」「合格できないわよ」と子どもを責めるのは、親の感情の発露であって子どもを萎縮させるだけです。ここで利口な親かそうでないか、合格に近づくか遠ざかるか、親の見つめる力、判断力、コミュニケーション力が問われます。1度指示したことを金科玉条《きんかぎょくじょう》として固執することはありません。試行錯誤して前進すればいいのです。子どもの能力や向き不向きによって変えていくことも必要です。子どもも悩んでいるのです。親の助けを心の底では求めているのかもしれません。

　幼児期から良好なかかわりを築いてきた親子なら乗りきれます。「親が課題を具体的にしめし、考察の方法を教え、解決策を伝える。」親のかかわり方が、土壇場で効いてくるのです。

　子どもと話しあい、納得させながら工夫改善の取り組みを模索していくことです。

時間を見つけて取り組みたいこと

(1) 算数の教科書（4〜6年）を読み、公式や考え方を説明できるようにする。

若泉 敏（わかいずみ・さとし）＝私立小学校教諭を経て、中学受験生、保護者のサポートに長年にわたってたずさわる。現在も論理的思考力・日本語読解力・記述表現力の養成および小学校高学年の学習や生涯学習に通用する学力獲得能力の育成と学習方法論の実践的な研究に日々あたっている。とくに全国公立中高一貫校の動向、適性検査問題に詳しく、その分析では第一人者。近著に『中学受験 公立中高一貫校のすべて―全国96校の傾向と対策』（ダイヤモンド社刊）、『公立中高一貫校合格への最短ルール 適性検査で問われるこれからの学力』（ＷＡＶＥ出版刊）などがある。森上教育研究所 公立中高一貫 特任研究員。

算数でとくに押さえておく単元

6年 立体、拡大図と縮図、メートル法と単位、場合の数、比

5年 約数・倍数、偶数と奇数、小数のかけ算・わり算、割合、単位量あたりの大きさ、合同・対象図形

4年 概数の表し方、計算のきまり

(2) ４年生のときに配付された【私たちの東京】などの、郷土のくらしに関する教科書を、資料とともに読む。地図記号もおさらいしておく。

(3) 理科と社会の教科書を、写真や絵・表・グラフを中心にくまなく読み込む。

理科では、実験観察の【調べる条件】【そろえる条件】【調べる方法】に注意。

社会では、ふたつのことがらを比較している部分と、近現代の生活ぶりに注目。

(4) 世界地図を見ておもな国々の位置と気候を知る。

(5) ２０１２年度の重大ニュースの解説をひととおり読んでおく。

あと10日

③受検直前の10日間になにができるのか

適性検査受検まで１週間あまりとなりました。

この時期に親が心がけることはなによりも子どもの体調管理です。早寝早起きを心がけて、朝9時ごろには頭が働くようにしましょう。また、帰宅したら手洗いとうがいを励行し、風邪を引かないようにしましょう。

さて、これからの10日間に行える適性検査の有効な対策の例をご紹介します。ポイントは、問題文の分析に慣れておくこと、合わせて読み取りの注意力を高めておきましょう。

(1) 志望校の過去問のおさらい

ここでは全問題を解き直すことではありません。問いの文を指示語や読点（、）に注意して※「細切れ読み」をし、解答すべき条件を確かに拾いあげる練習です。

2012年都立武蔵高校附属中学校
適性検査Ⅰ［問題二］（二）

この二つの文章を読んだあとに、あなたの考えたことや意見を学級新聞に載せることになりました。（一）でとらえた考え方をもとに、「現代の生活」ということについて、あなたの考えや意見を、身近な体験とともに、四百字以上四百六十字以内でまとめなさい。

なお、題名や氏名は書かないこととし、身近な体験としては、本文の中で使われている例は除くこと。（書き出しや改行の際の空らん、、や。や「 なども字数に数えます。）

まず、【なにを答えるのか】求められていることを短い言葉でとらえましょう。つぎに、答えを書くときに【ふまえる条件はなにとなにか】を一つひとつ取りだしてみましょう。親子でいっしょに問いの文の分析をやりつくすことを心がけます。自分なりの答えの構想を立てたうえで、模範解答例を読んでみましょう。

問いに対応する答えをどの程度表現すればよいのか確認していく作業をするのです。

ここで「細切れ読み」について具体的に述べておきましょう。教科書の音読や物語文を黙読して大意をつかむような「すらすら読み」の対極にある読み方です。

平成24年度適性検査問題から例をだして解説します。

右にしめしたのは、この春、都立武蔵高等学校・適性検査Ⅰで出題された問題文です。

まずなにをすればよいのか？

【自分の考えや意見をまとめる】

なにについての意見か？

【「現代の生活」についての考えや意見】

ここで言い換えをして、課題を自分の言葉でつかんでおく。

【「現代の生活」について、自分はどのような考えや意見を持っているのか、を書く問題】

つぎに条件はなにか?

【「現代の生活」は、(一)でとらえた考え方をもとに、考える】

「(一)でとらえた考え方」とはなにか?

【自分がまとめた、文章Aと文章Bに共通する考え方】

さらに条件は?

【自分の考えや意見を、身近な体験とともに、まとめる】

【身近な体験としては、本文のなかで使われている例は除く】

【考えや意見を、四百字以上四百六十字以内でまとめる】

ここでもう1度、言い換えをして課題を自分の言葉でつかんでおく。

【自分がまとめた、文章AとBに共通する考え方をもとにして、「現代の生活」について自分なりに考え、その考えや意見を、本文のなかで使われている例以外の、身近な体験をあげながら、400字以上460字以内で、まとめて書く問題】

ほかに注意しなければならないことはないか?

【題名や氏名は書かない】

【書きだしや改行の際の空らんや、、や。や「なども字数に数える】

【ふたつの文章を読んだあとに書く、学級新聞の記事であること】

このように、「細切れ読み」とは、いわば法律書や判例を読むように、課題文を分析的に読み、提示された条件や注意事項をもれなく拾いあげて緻密に読んでいく読み方です。

今回は、課題条件作文の問いを取りあげましたが、総合的な問題の設問の読み取りにおいても同様です。ただ上の例では触れませんでしたが、つけたして言及すれば、接続語や指示語、言葉の係り受けや省略、句読点にも注意して「細切れ読み」をすることが有用です。

志望校の過去の問題文に当てはめて「細切れ読み」を試みてください。

(2) 全国適性検査問題集を使用して

a、志望校の過去問に類似する他の学校の問題を選んで、問題文の「細切れ読み」と条件の摘出をして書くべき内容を構想します。模範解答例も読んで解答の要求水準を確認しましょう。

b、産業とエネルギー、自然と環境、福祉、マナー、日本の伝統文化、日本と世界の国々のかかわりなどに関する問題は、本文全体をよく読んで知識を確認することです。

c、作文は、志望校と同じ傾向や同じ出題形式の問題を選んで、書くべき要素を箇条書きに書きだしてみます。そして書く順番の構成を考えておくのです。余裕があれば、実際に書いてみてもいいでしょう。

d、地方の特性に関する問題は手をつけないでおきましょう。

あと1日

検査前日と当日に注意すること

前日は受検票や筆記用具その他、持ち物の確認をして、遅くとも10時には就寝するようにしましょう。持ち物の確認は本人にさせたうえで、親もかならず再確認しておきます。

当日の朝は、計算を3題ほど解いて頭の回転をよくしておくといいです。検査は、おおむね8時半集合、9時開始ですから、時間の余裕を持って家をでましょう。

この日ばかりは保護者がいっしょに検査会場まで行かなければいけません。自立した行動が大事だからといって子どもだけで登校させるのはもってのほかです。事故や事件が起きるかもしれません。

また、2月の初旬は東京では雪が降って交通機関がマヒすることがあります。不測の事態にそなえて第2、第3のルートも考えておくとよいでしょう。

家をでるとき、または検査会場に入るときに「これまで培った自分の力を全部だしきること、それでいいのだよ」と安心させて見送りましょう。

【人事を尽くして天命を待つ】の心境で合格発表の日を待ちましょう。

◇❖◇❖◇

※「細切れ読み」についての詳細は、若泉敏著、「公立中高一貫校合格への最短ルール　適性検査で問われるこれからの学力」(WAVE出版刊)をご参照ください。

▶公立中高一貫校と併願してお得な私立中学校◀

佼《こう》成《せい》学《がく》園《えん》女《じょ》子《し》中学校

PISA型入試の先駆者

京王線の千歳烏山駅から、静かな住宅街を歩くこと 5 分あまり。佼成学園女子中学校（以下、佼成女子）に突き当たります。この佼成女子は、ここ数年、英語教育に力を入れることによって難関大学への合格実績を飛躍的に伸ばして注目されている学校です。

お得な学校という評価 1

「英語の佼成」で進学実績伸長……

佼成女子では、中学の英語で習熟度別少人数授業を行っています。また、英語を楽しく学ぶために、ネイティブの先生による、きめ細かなコミュニケーション授業や美術・音楽のイマージョン授業、全校あげての「英検まつり」やイングリッシュサマーキャンプを実施。英語力を試せるニュージーランドへの修学旅行も行われます。

数学は先取りせず、体系的にじっくり学んでいます。授業では、宿題チェック表などの活用で家庭学習習慣をどんどんつけていきます。追試験を、合格するまで実施しているのも特徴のひとつです。

高校では、ネイティブの先生によるすべて英語だけの授業もあれば、特進留学コースでは「クラスまるごと現地校に分散しての1年間留学」を実施するなど、いまでは「英語の佼成」と呼ばれるような英語教育のメソッドをつくり上げました。

さらに中学受験に「英語入試」を取り入れるなど、佼成女子は、まさに女子校の学校改革で先端を走っている学校とも言えるのです。

中学受験時の入り口の偏差値で言えば「入りやすい」のに、出口の進学実績は目を見張らせるものがあり、「入ったら伸ばしてくれるお得な学校」と呼ばれる学校、それが佼成女子です。

「PISA型入試」 2

世の中に先駆けて実施……

また、佼成女子の入試改革のひとつに、世の中に先駆けて「PISA型入試」という名称の入試を採用したことがあげられます。

これは中学入試をあつかう週刊誌やテレビで毎月のように特集される思い切った入試形態でもあります。

「PISA型入試」とは、簡単に言えば、都立の中高一貫校で実施されている「適性検査」と同じタイプの問題で合否を決める入試のことです。

「国際学力調査の結果、日本の学力が低下しているようだ」というニュースを覚えておられるでしょう。この「国際学力調査」が、「PISA（Programme for International Student Assessment）」で、いわば、「学力の国際評価基準」、あるいは「学力調査のグローバルスタンダード（世界標準）」とも言えます。

従来の学力調査と大きく違うのは、「実生活で直面するさまざまな課題に、知識や技能をどう活用できるか」を評価する点です。

つまり、「学校学習での教科の理解度や定着度」ではなく、「将来、社会生活のなかで発揮できる力をどの程度身につけているか」をみる試験なのです。

このPISAのシステムに基づいてつくられているのが、佼成女子の「PISA型入試」です。

出題形式も、「国語・算数・理科・社会」というような科目別ではなく、「適性検査Ⅰ」「適性検査Ⅱ」という名称です。

ただ、佼成女子では、適性検査Ⅰ（社会理科算数の複合）、適性検査Ⅱ（500字の作文がメイン）のほかに、基礎算数・基礎国語（合わせて40分）も実施して、都立の中高一貫校の入試では見極めれない子どもたちの学力も見ていくところにキメの細かさを感じます。

都立中高一貫校を目指している受験生にとっては、同じ勉強が役に立つわけですから、非常にありがたい入試とも言えます。試験日は2月1日で、都立中高一貫校の試験日に先だって行われますから、併願受験としてだけでなく、試し受験としても大いに利用できる入試というわけです。

江川教頭先生に聞く 3

「PISA型入試」はここがポイント…

ここで、際だつ佼成女子の入試改革を先導してきた江川昭夫教頭先生に、特に「PISA型入試」について聞いてみました。

―なぜ「PISA型入試」を導入するに至ったのですか。

江川先生「国際学力調査であるPISAは、いまや学力調査のグローバルスタンダード（世界標準）となっています。すでに国際化教育では先へ先へと進んでいた佼成女子にとって、このPISAの理念を活かした入試は〝最適〟と考えたのです。また、新学習指導要領では、基礎・基本の習得や活用能力の育成などが盛り込まれました。これはまさに、PISAを意識した方向付けですから、私たちの考えの追い風ともなるものでした」

―佼成女子の「PISA型入試」の内容は、都立中高一貫校の出題とよく似ていますね。

江川先生「実は、都立中高一貫校の適性検査Ⅰ、Ⅱという選抜方法は、PISAを強く意識したつくりになっていますから、本校のPISA型入試と似た内容となるのは当然なのです。ですから、受験生は、本校のこの入試問題に歩調を合わせることで、都立の中高一貫校の適性検査への対応がしやすくなります」

―従来と同じ形式の入試も実施しているのですね。

江川先生「佼成女子では、PISA型入試を行っていますが、これまでと同じスタイルの入試も実施しています。つまり、受験生が自分に合った入試を選べるようになっているのです」

―なぜ、いろいろな種類の入試を用意しているのですか。

江川先生「同じタイプの生徒が集まるよりも、さまざまな能力を持った生徒が学校にいた方がお互いを高めあうことができるのではないかと考えているからです。

1教科に秀でている生徒もいれば、応用力がある生徒、総合力がある生徒など、それぞれ違ったタイプの能力が集まり、相乗効果ともいうべき刺激を互いに与えあうことで、真の学力を身につけることができます。それが学校として最適の環境だと信じているからです。ですから、本校のPISA型入試では、適性検査だけではなく、〝基礎算数・基礎国語〟という試験も行い、さらに受験生の力を見定めようと努力しているのです」

江川昭夫 教頭先生

―「PISA型入試」はその問題をつくる作業も大変でしょう。

江川先生「そうなんです。いろいろな教科の要素が入り込んできますので、多くの先生がたの協力を得て、普通の入試科目なら3カ月で作問できるものが、PISA型入試では8カ月はかかってしまいます」

―畳を例に「湿度と乾燥」という理科の問題、折り紙を使った図形問題、そして読解力も問われる、実によくできた出題もありましたね。

江川先生「発想の転換や、問題解決能力、そして自分の考えを簡潔に文章にして人にわかるように説明する力などが必要になってきます」

―これから佼成女子を目指そうという受験生、また同じような入試形態の都立中高一貫校を目指している受験生にメッセージをお願いします。

江川先生「本校のPISA型入試は、公立中高一貫校対応型となっておりますが、私立の独自性を担保するために基礎算数・基礎国語も受験していただく点も特長です。

佼成女子はこのPISA型入試のフロントランナーとして、さらに研究を重ねてまいります。PISA型入試や公立中高一貫校入試にご興味のある受験生は、ぜひ佼成学園女子中学校の受験もご検討ください」

森上's EYE

見逃せない 難関大学合格実績の伸び

佼成女子は近隣の都立中高一貫校が旗揚げする前から「PISA型入試」を立ち上げ、そのニーズに応えようとしてきました。その努力の成果はこの入試での受験生が増え続けるという形で表れました。もちろん、その背景に、目を見張るような勢いの難関大学合格実績の伸びがあることは見逃せません。

佼成学園女子中学校 School Data

所在地 東京都世田谷区給田2-1-1
TEL 03-3300-2351
URL http://www.girls.kosei.ac.jp/
アクセス 京王線「千歳烏山」徒歩6分、小田急線「千歳船橋」バス15分、「成城学園前」バスにて「千歳烏山駅」まで20分

学校説明会
11月10日（土） 14:00～
12月15日（土） 10:00～
1月12日（土） 14:00～

「PISA型入試」問題学習会
12月8日（土）14:00～
安田理先生講演会も同時開催
「公立中高一貫校 今年の傾向と対策」

出願直前個別相談会
1月19日（土）10:00～

教育は愛と情熱!!

《長聖高校の平成24年度大学合格実績》
旧帝大14名（東京１、大阪３、北海道５、東北３、名古屋２）、一橋１、東京工業１、
国立医学部医学科11名、早慶上理46名

東京入試

（長野市、松本市でも同日入試を実施）

1月13日(日)

- 工学院大学・新宿キャンパス
- グランドプリンスホテル新高輪・国際館パミール
- 東海会場
  多治見美濃焼・卸センター

本校入試

1月26日（土）

- 会場・本校

裁判所での模擬裁判、病院での看護、福祉施設での介護、幼稚園での保育、商店街での一日店員などの社会体験をはじめ、乗馬、ゴルフ、弓道、スキーなどのスポーツ体験、校舎に隣接する学校田での農業体験…。年間を通じてさまざまな体験学習を実戦しています。

寮生活　授　業　体験学習

三位一体となった

6年間の一貫教育

（食を大切に）

■学校説明会

11月10日(土) 16:00~17:30
【上田市】上田予備学校

12月16日(日) 10:00~12:00
【佐久市】本校

■ 体験入学

第2回 11月18日(日)
9:00~13:40

・授業体験（英語・数学）、模擬作文
・授業体験後に「家族そろって給食体験」

■ 収穫祭

11月10日(土)
※校内祭につき事前連絡で見学可

全国寮生学校合同説明会

11月13日(火) 13:00~18:00
【横浜】JR横浜駅東口
崎陽軒本店会議室

11月14日(水) 13:00~17:00
【東京】JRお茶の水駅西口
東京ガーデンパレス　2階

※詳細は本校ホームページをご覧ください。

佐久 長聖中学校 高等学校

〒385-0022 長野県佐久市岩村田3638
TEL　0267−68−6688（入試広報室 0267−68−6755）
FAX　0267−68−6140

http://www.chosei-sj.ac.jp/
E-mail　sakuchjh@chosei-sj.ac.jp

上信越自動車道佐久インターから車で１分
JR長野新幹線・小海戦佐久平駅から車で５分
（長野新幹線で東京から70分）

入試直前

お子さまにかけてあげたい言葉集

入試本番が近づけば近づくほど、保護者のみなさまはもちろん、お子さまはちょっとのことでナーバスになりがちです。ここでは、場面ごとにお子さまにかけてあげたい言葉を集めてみました。これらの言葉を参考にして、ご自身のお子さまにあった言葉をかけてあげてください。

Part 1 自信をなくしてしまっている

Ⅰ ♥ 「合格まではもう少し。
諦めずに最後までやればきっと大丈夫だよ」

Ⅱ ♥ 「ほかの人も同じ気持ちだよ。
ここでもう少しだけがんばればいい結果がでるよ」

POINT!

本番が近づき、お子さまが自信をなくしてしまっています。それでも気持ちが強い子であれば、Ⅰのように諦めずがんばるように言ってあげましょう。弱気になってしまいがちであれば、Ⅱのように自分だけではないんだよと勇気づけてあげます。

Part 2 うまくいかずやる気がなくなっている

I ♥「ここまでよくがんばってきたんだから、最後にはかならずうまくいくよ」

II ♥「●点取れたら十分なんだから大丈夫よ」

POINT! この時期に成績が下がったりすると一気にやる気をなくしてしまいがち。ここまでよくがんばっている、ということをこちらから伝えてあげながら、もう少しだけがんばろう（I）というかたちや、最後の2週間を張り詰めすぎずに過ごせるような言葉（II）をかけてあげましょう。

Part 3 入試直前にうまく寝付けないとき

I ♥「ひと晩ぐらいなら寝られなくても大丈夫。あまり気にせずにベッドに入っていればいいよ」

II ♥「みんなきっと眠れてないよ。身体を休めるつもりで横になれば十分」

POINT! 試験当日に持っていくものの準備はすぐ済ませ、早めに寝るようにしましょう。気持ちが強い子には、Iのように寝られなくても大丈夫ぐらいに、強くない子にはIIのように、あまり「眠れない」ということを意識させ過ぎないようにしてみましょう。体調が悪い、試験当日トラブルがあったなどの場合にも、みなさんが冷静になれば、お子さまが不安を感じにくくなります。

Part 4 合格したとき

I ♥ 「がんばった結果がでたね。第１志望も自信を持って挑戦しよう」

II ♥ 「ほんとうによかったね。あなたなら大丈夫だと思っていたよ。最後のチャレンジ校も力をだしきろう！」

POINT!

安全校、試し受験であっても、合格はやはりうれしいもの。当然だ、という態度よりも、これもほんとうにすばらしい結果なんだということをお子さんに意識させてあげましょう（Ⅰ）。また、安全校に合格した場合も、チャレンジ校が残っているなら、その勢いで走り抜けられるような言葉を選んでみては（Ⅱ）。

Part 5 結果がでなかったとき

I ♥ 「悔しいね。でもこの経験がきっとつぎにつながるから前を向こうね」

II ♥ 「きっと第２志望校の方があなたに合っていたのよ」

POINT!

がんばっていても、いい結果がでないときはあります。そこで怒るのではなく、その悔しさや失敗経験もつぎにつながるんだと思える言葉をかけてあげましょう（Ⅰ）。また、第１志望校受験に失敗した場合も、お子さまが第２・第３志望校に前向きに入学できるような言葉をかけてあげたいものです（Ⅱ）。

本番へのラストスパート

入試直前の時期に保護者はなにをすべきか

入試が目の前に迫り、落ちつかず、家のなかがピリピリとした空気になってはいませんか？緊張感は必要ですが、子どもにとってはプレッシャーとなる場合もあります。入試直前期の保護者に読んでほしい、受験生を支える親の心がまえをお話しします。

産経新聞編集委員
大野　敏明

来年の中学入試が目の前に迫ってきました。1月に解禁される埼玉県入試は2カ月後です。受験生本人はもちろん、保護者のかたも気がもめるところだと思います。

しかしここで保護者が慌ててはいけません。心配のあまりいろいろと叱咤したり、新たな挑戦をしてみたりと、じっとしていられない気持ちであることはよくわかりますが、慌てずに最後の追い込みに全力を尽くしましょう。

受験は最後の3カ月、とくに1カ月が勝負ともいわれます。確かに、コツコツと勉強をしてきたにもかかわらず、それまではのんびりしていた受験生にラストスパートをかけられて抜き去られるということも皆無ではありません。ですが、そういうケースはまれです。コツコツ勉強してきた者が最後の栄冠を勝ち取るのです。

その意味でも最後の1カ月はとても大事です。保護者のかたも受験生も、最後まで力をだしきってほしいと思います。では、ラストスパートをどのように過ごしたらいいかを考えてみましょう。

生活はいつものとおりに

最後の追い込みといっても、特別なことをする必要はありません。これから受験のその日まで、いままでどおりの生活をしていくことが大事です。これまで、学校に行き、塾に行き、問題集をやり、わからないところをチェックしてきたと思います。その生活のリズムは変えない方がいいでしょう。

この時期、成績が伸び悩んだりすると、家庭教師をつけたり、塾を替えたり、新たな教材や問題集をやらせたりする保護者もいますが、これは考えものです。中学受験をする児童はすでに受験体制のリズムを身につけていますので、ここにきてそのリズムを壊されると、勉強のリズムも乱れてしまうのです。

また、新たな試みをされると、受験生自身が不安になります。「自分は合格しないのではないか」「親に負担をかけ過ぎているのではないか」といった心理的な不安が助長され、勉強に身が入らなくなる可能性があります。

ふだんどおり、学校に行き、塾に行き、問題集をやって、これまでのペース、リズムを大切にしましょう。

受験生を特別あつかいしない

受験生を特別あつかいすることもよくありません。ほかの家族と異なる食事メニューを用意したり、よい点をとったからと特別な食事をしたり、外食したりするのはおすすめできません。

とくにほかの兄弟がいるときは厳禁です。ほかの兄弟はいつもどおりの食事なのに、受験生だからといって特別なメニューだったり、デザートやお菓子などを別に用意するようなことは慎みましょう。受験生とほかの兄弟の関係が悪くなるだけでなく、大げさに言うと、そのわだかまりが将来にわたって尾を引くことにもなりかねません。

「受験直前の時期に大切なのは『いつもどおり』に過ごすこと」

また、受験生自身も好待遇されていることにプレッシャーを感じて萎縮してしまったり、逆に自分が特別だと錯覚しないともかぎりません。その結果、実力を発揮できなくなる可能性もあります。

反対に、模試の点数が悪かったり、偏差値が下がったからといって、叱責したり、罰を課したりするのもタブーです。それでなくとも受験生はさまざまなプレッシャーを感じています。点が悪ければ、まずは自分が落ちこみます。それに拍車をかけるようなことは厳に慎みましょう。

なんといっても、ふだんどおりにすることです。そうすることで、家族、兄弟の一体感も強まります。受験生を特別あつかいしないことが、最も効果的といえるでしょう。

受験直前に気をつけること

これは受験前日や当日にもいえることです。「出陣式」「壮行会」などと称して、特別なことをする家庭もあると聞いたことがありますが、やめた方がいいでしょう。繰り返すようですが、受験生のリズムが狂ってしまうのはもちろん、特別メニューの食事をとったことで、食べ過ぎたり、おなかを壊してしまうこともあり得ます。

逆に、座禅を組ませたり、気合いを入れたりすることもリズムを壊します。かといって、リラックスのため、直前に温泉に行ったり、遊園地に行ったりすることもよくありません。

大事なのは適度な緊張を持続することで、緊張しすぎたり、逆に緊張の糸が切れてしまっては本末転倒です。特別なことをせず、ふだんどおりにして、ふだんどおりの力が発揮できれば、合格の可能性は高いはずです。

「受験」を学校に持ちこまない

学校でも同じです。授業も運動も、これまでどおりするのがいいと思います。学校によっては、中学受験をする児童がクラスで自分ひとりということもあるでしょう。また、数人の受験生が固まってしまって、受験をしない同級生と別グループを形成するようなことがあるかもしれません。

しかし、受験の世界をそのまま学校に持ちこんでしまうのはいいことではありません。学校の行事や日々の生活、仕事をきちんとこなしてこその受験です。

自分は受験をするのだから、掃除や係の仕事はやらないとか、ほかの同級生とは付き合わないといった態度は、受験以前の問題としてあってはならないし、その児童の性格を歪めてしまうことになりかねません。

学校ではふだんどおり、みんなといっしょに学校生活を楽しむようにしてください。なんのために受験をするのかという原点につねに立ち返れば、答えは自ずからでます。

塾でも同じです。同じクラスの受

「これまでのペースを崩さず最後まで諦めない気持ちで臨む」

験生を蹴落とすべきライバルと認識するよりも、情報を交換し、励ましあって、ともに合格をめざす同志と考えた方がずっと楽です。わからない問題を教えあったり、休み時間にいっしょに気分転換をするなどして、精神的な余裕を持ちたいものです。

受験当日、大事なのは流れに乗ることです。試験ではだれも助けてくれません。受験会場では自分ひとりです。学校到着から、試験が終わって学校をでるまで、全体の流れに乗って行動することをおすすめします。

また、保護者は会場までいっしょに行き、「どこどこで待っているから」と言うだけで、受験生は安心するものです。

勉強も自分のリズムで

これまでのリズムを守るというのは生活だけではありません。勉強も同じです。

前にも述べましたが、最後の追いこみということで、新しい勉強法を試したり、新たな問題集をやったり、塾を替えたり、家庭教師をつけたりといった新たな試みは、リズムを崩すだけではなく、かえって成績が落ちこむことにもなりかねません。

塾では受験当日に向けて勉強のスケジュールを立てており、これまでもそのスケジュールに合わせて指導をしてきています。そのペースが乱れると、勉強の段取りも乱れ、成績が落ちてしまうのです。それよりも、志望校の過去問を繰り返し解いて、問題傾向に慣れておくことの方が大事です。

新しいことより復習を

新たなことをしないからといって、逆に、リラックスのために、受験前日に教科書もノートも開かないのもよくありません。いつもどおりの勉強をすることをおすすめします。

前日にも無理のない程度で勉強することは、適度な緊張を持続するうえで必要でしょう。

入試は緊張するものです。受験生はまだ小学6年生、緊張するなというのは無理な注文です。緊張すれば、記憶力は落ちます。覚えていたことがでてこないという場合もあります。

ラストスパートでは、さらに点数を稼ぐために新たな問題に挑戦する人もいますが、新たなチャレンジよりも、これまでやってきたことを確認し、忘れてしまわないようにする方がずっと現実的です。

例えば、5年生のときには、社会では地理を、理科では生物分野をやりますが、1年以上前にやった内容は忘れてしまっていることもあります。

改めて教科書やノートを見て記憶を新たにしておくこともいいでしょう。ラストスパートでの復習はとても大切です。

試験で満点をとる必要はありません。合格点に達すればいいのです。ですから、新たな難問に挑戦するよりは、どうにも解けない問題、不得手な分野はあえて捨ててしまって、確実に点をとれる分野を押さえておくことも重要です。

最後まで諦めない

保護者としては、「これだけ勉強したのだから、かならず受かる。最後まで諦めないで」と激励することです。

「合否は半々」だとか、「落ちても仕方がない」などと、受験の前から悲観的なことを言うのはおすすめできません。

しかし、試験が終わったら、「仮に落ちてもがっかりする必要はない。一生懸命やったことはすばらしい。これまでの勉強はこれからの人生にかならず役に立つ」と励ますことも忘れないでください。

試験は受かる人もいれば落ちる人もいます。そのたびに一喜一憂するのではなく、12歳の子どもが必死にがんばったことをほめることが、これからの人生を豊かにすることにつながります。

願書が締めきられると、競争倍率が発表されます。倍率は数倍から、学校によっては10倍を超えることもあります。そんな高倍率で、自分の子どもが合格するか不安になるでしょうが、実質倍率はもっと低いのです。

偏差値が足りていて、ふだんの実力が発揮できれば、かならず合格します。倍率を見て慌てる必要はありません。

保護者も受験生も「絶対に受かってやる」と気概と自信をもって受験にのぞんでください。

健康管理には厳しく

最後に健康問題です。受験はインフルエンザ流行の季節に行われます。受験前には人が集まる場所にはなるべく行かないようにすることです。

うがい、手洗い、マスクは欠かさず、学校でインフルエンザがはやっていたら、学校を休むことも考えましょう。

とにかく、健康第一です。それでなくとも受験は緊張します。前日に熱をだしたり、おなかを壊したりする受験生もいます。いずれも精神的なことが原因です。

複数校受験をする場合、前日や当日に熱がでたりしたら、受験を諦める勇気も必要です。

また、保護者は受験会場を事前にチェックしておきましょう。

できれば、受験生も学校を見て、学校の雰囲気になれておくことも必要です。

緊張し過ぎず、リラックスし過ぎず、いつものペース、リズムを保って、健康に注意しながら、受験当日を迎えたいものです。みなさんの健闘を祈っています。

大野 敏明
産経新聞編集委員。『フジサンケイ ビジネスアイ』に「がんばれ中学受験」と題して24回の連載記事を執筆。自身も男児ふたりの中学受験に寄り添った経験がある。

Otsumanakano Junior & Senior High School

大妻中野 中学校 高等学校

東京 ／ 中野区 ／ 女子校

進化し続ける　大妻中野
（大妻中野は新校舎I期生）

未来に向け進化する大妻コタカ教育

建学の精神：「学芸を修めて人類のために」

学祖大妻コタカ先生の教育理念は「女性の自立」です。大妻中野での学びを通して「確かな学力」と「豊かな心」を身につけて、生徒は建学の精神を具現化する生き方を自ら考えます。

校訓：「恥を知れ」自分を律する力

明るい笑顔と元気な挨拶があふれる校内。この土台は、校訓「恥を知れ」の精神にあります。日々自己を振り返り、こうありたいと思う未来の自分をめざす心。この向上心が大妻中野生のあたたかい笑顔の源泉です。

3つのタイプの入学試験と6年間の学校生活

大妻中野中学校の入学試験は3つのタイプに別れます。

①アドバンストクラス選抜入試
②一般入試（コアクラス選抜）
③海外帰国生入試

アドバンストクラスは「より高い目標にチャレンジする精神と学力の育成」を実現するために設置したクラス。2月1日午後・2日午後に実施するアドバンスト選抜入試では、国数の2科目入試による計2クラスの募集を行っています。

アドバンストクラス1期生は現在高校2年生になり、社会の最前線で活躍できる女性をめざして、高い意識と強い意欲を持ちながら充実した学校生活を送っています。学力面での著しい成長はもちろんのこと、クラブ活動、学園行事での積極的取り組みが、大妻中野全体に感じられるバランスの良い環境を牽引しています。

コアクラスは大妻中野の核をなすクラス。2月1日午前・3日午前に国数社理4科目入試によって募集を

行っています。コアクラス在籍生徒の未来の自分のあり方をみつめる意識の高さには、自立しようとする女性のパワーがあふれています。大学進学も付属校としての推薦入学の枠がありながら、ほとんどの生徒が自らの将来の夢を最優先させた進路をめざした選択をし、頑張っています。文武両道を求める学園生活では、いきいきとした眼差しで充実感ある毎日を過ごしています。

海外帰国生クラスは英語圏のみならず、アジア、ヨーロッパなどの国々に在留経験を持つ生徒が集うクラス。高い英語力はもちろんのこと、校内の異文化交流は大妻中野の貴重なスクールカラーのひとつとなっています。

この3つのタイプのクラス。入学後2年間はコースを変わらず過ごします。しかし、生徒は2年間で心身・学力ともに大きく成長しますので、中学3年生への進級次にコース再選択の機会を設けます。再編成は生徒の希望と学力考査によって行われ、またこの時に「帰国生クラス」は「英語ハイレベルクラス」として改編され、帰国生だけでなく英語に高い関心を持つ生徒も選択することが可能となります。この後は毎年再編成を行い、高2以降は希望する学部・大学（国公立または私立）によるクラス編成を行います。

大妻中野では、どのコースに在籍しても、部活動・学園行事・学校生活全般において生徒はその違いを全く感じることなく楽しい日々を過ごしています。

この秋、中高ともに東京都代表として全国大会出場権を勝ち取った合唱部生徒は全員がごく普通の大妻中野の生徒です。この合唱部員に代表されるように、大妻中野は「生徒の持っている力を伸ばす学校」です。校内では、目標に向かって、輝いた笑顔の生徒たちが楽しく生活をしています。ご来校いただくとその様子はすぐに感じ取っていただけます（平日・土曜でもご連絡いただければ学校見学を承っています）。

2013年2月に新校舎がすべて完成

全教室に電子黒板を設置

来年度新入生を迎える入学式は、完成したばかりの体育館で行う初の入学式となります。また、全員が新教室で6年間のスタートを切ります。普通教室、特別教室すべてに設置された電子黒板を利用した授業は、今まで体験したことのない、臨場感あふれる、意欲を引き出す新しいタイプの空間となります。

安心できる丁寧な指導

学校生活を楽しく過ごす上で最も大事なことは「安心と信頼」です。そして授業・学習の重要性が基本となります。

中学生は「わかば」という冊子を担任に提出することによって、学習計画の立案と反省を記入し、学習習慣の確立を計っています。また、主要教科に苦手科目が生じた場合、夏期講習期間に指名講習を受講し、早めに対策をたてるシステムとなっています。学期中も複数の卒業生チューターがほぼ毎日放課後待機し、後輩たちに責任を持って寄り添いながら学習面や生活面での指導を手伝ってくれています。

大妻中野
中学校・高等学校
Otsumanakano
Junior&Senior High School

〒164-0002
東京都中野区上高田2-3-7
TEL.03-3389-7211
FAX.03-3386-6494

■学校説明会
11月17日(土)　14:00～

■入試問題説明会
第1回　11月17日(土)10:00
第2回　1月 6日(日)10:00
<いずれも予約不要です>

＊学校案内
・土曜日(14:00～)・その他随時
・冬休み(10:00～　14:00～)
<お電話にてご予約下さい>

中学受験のための

入学願書の書き方

志望する学校へ入学したいという意志を伝えるために必要なものが、入学願書です。中学受験においての願書は、志願者本人ではなく保護者のかたが記入しますので、受験するお子さまのためにも、入試事項をしっかり確認したうえでミスなく記入したいものです。そこで、入学願書の書き方についてのポイントをまとめました。こちらを参考にして、受験へのいいスタートを切ってください。

準備するもの

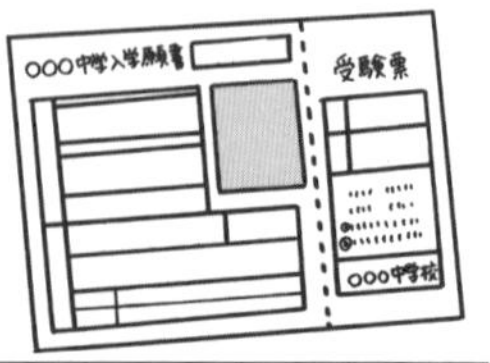

願　書

まずは願書を入手しましょう。第１志望、第２志望などすでに受験が決定している学校だけでなく、受験する可能性のある学校の願書も事前に入手しておきましょう。もしものときの駆けこみ出願に備えておけば安心です。

写　真

スピード写真の可・不可、サイズ、撮影時期など、それぞれの学校の指定条件に合わせて写真を用意しましょう。必要枚数よりも多めに準備しておきましょう。

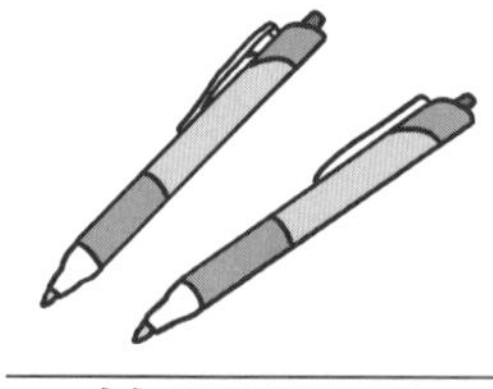

筆記用具

指定がなければ黒か青のボールペン、または万年筆で記入しましょう。予備として同じものを数本用意しておくといいでしょう。

印鑑・朱肉

スタンプ印は使用せず、朱肉で使用する印鑑を使いましょう。

学校案内

志願理由を書く際に、学校について確認しながら記入することができるので準備しておくことをおすすめします。

願書を書く前に

募集要項をもう１度チェック

記入ミスを防ぐため、もう１度募集要項を隅々までチェックしましょう。学校ごとに記入内容や形式はさまざまですので、しっかり確認したうえで記入を始めます。

コピーした願書で練習する

準備ができたら下書き用としてコピーをとって練習しましょう。いきなり清書をすると失敗してしまう可能性があります。下書きをして、文字の大きさや全体のバランスなども見ておきます。

願書記入時のポイント

1 楷書でていねいに書く

どの学校においても、願書の文字の上手・下手が合否に影響することはありません。入学への熱意が読む人に伝わるように、心をこめて、焦らずていねいに書くことが大切です。

2 文体を「です・ます調」で統一する

志願理由など、ある程度の長さがある文章は基本的に「です・ます調」で統一します。「だ・である調」はやや威圧的な印象を与えかねませんので、避けた方が無難です。

3 余白はつくらない

志願理由などを文章で書く欄は、枠からはみ出さないように、十分な文章量で枠を満たしましょう。余白はなるべくつくらないようにした方が、読む人に好印象を与えることができます。

記入例を
見てみましょう

4 まちがえてしまったときは

もしもまちがえてしまっても慌てずに。まちがえた箇所に二重線を引き、訂正印を押しましょう。修正液は認めない学校もあるので注意してください。各学校の募集要項の「記入上の注意」に訂正方法が書いてあることもあるので確認しましょう。

5 不明な点は学校へ問い合わせる

願書を記入している際にわからないことがあれば、学校に問い合わせて直接聞くのがいちばんです。それで不利になるということはけっしてありません。学校は親切に教えてくれるでしょう。

❶ 受験回

受験回ごとに願書の用紙がちがう場合や、受験科目を選択させる場合があるので、学校ごとによく確認しましょう。

❷ 志願者氏名・ふりがな

氏名は略字などは使わずに、戸籍上の漢字で記入しましょう。ふりがなは、「ふりがな」ならひらがなで、「フリガナ」ならカタカナで記入しましょう。くれぐれもふりがなの書きもれに注意しましょう。

❸ 生年月日

西暦での表記か、元号での表記か注意してください。

❹ 現住所

志願者本人が現在住んでいる住所を、番地や部屋番号まできちんと記入しましょう。調査書などほかの書類と同じ住所にします。

❺ 写真

スピード写真やスナップ写真ではなく、専門店で撮影した証明写真を使用するようにしましょう。学校によって、サイズや撮影時期などの条件が異なりますので、確認して指定されたとおりにします。念のため、必要枚数よりも多めに準備しておきましょう。写真の裏に氏名と住所を書いておくと、万が一願書からはがれてしまっても安心です。また、眼鏡をかけて受験する場合は眼鏡をかけて撮影しましょう。

❻ 印鑑

押し忘れが多いので注意しましょう。朱肉を使用する印鑑を使います。印がかすれないよう、下に台紙などを敷いてからしっかりと押しましょう。

❼ 保護者の現住所

「志願者本人の住所と異なる場合のみ記入」と指示があれば、未記入でかまいません。指示がない場合は、「同上」と記入するか、再度記入しましょう。単身赴任で住所が異なる場合はその旨を記入します。

❽ 緊急連絡先

受験中のトラブルはもちろん、補欠・追加合格など学校からの緊急連絡時に必要となりますので、確実に連絡が取れるところを書いておくのがポイントです。保護者の勤務先を記入する場合は、会社名・部署名・内線番号まで書いておくと親切でしょう。最近は、携帯電話でもかまわないという学校も増えています。その場合には所有者の氏名と続柄も記入しましょう。

❾ 家族構成

指示がなくても、本人を書く欄がなければ、本人以外の家族を記入するのが一般的です。書く順番は、父、母、兄、姉、弟、妹、祖父、祖母としますが、募集要項のなかに明記されている場合もありますので、指示に従ってください。名字は全員省略せずに書きましょう。また、家族の続柄は志願者本人から見た場合が一般的ですが、まれに保護者から見た続柄を書かせる学校もありますので確認が必要です。

❿ 志願理由

記入例Aのようなアンケート形式や、ある程度の文章量で書かせるなど、学校によって異なります。

記入例A

入学願書

平成25年度
○○○○中学校

❶ 第1回入試用（試験日2月1日）

受験番号 ※

入学志願者		
❷	ふりがな	ごう かく た ろう
	氏名	合格 太郎
❸	生年月日	平成 12 年 5 月 19 日
❹	現住所	〒101-0000 東京都千代田区○○○ 2-4-2
	電話	03 - 0000 - 5944
	在籍小学校	東京都千代田区立○○ 小学校 平成 19 年 4 月 入学
		東京都千代田区立○○ 小学校 平成 25 年 3 月 卒業見込

❺ 写真貼付
（縦5cm × 横4cm以内）
正面・上半身・脱帽
カラー・白黒いずれも可
裏面に氏名記入

保護者			年齢	志願者との続柄
	ふりがな	ごう かく すぐる		
	氏名	合格 優 ㊞ ❻	45	父
❼	現住所	<志願者と異なる場合のみご記入ください>		
❽	自宅以外の緊急連絡先	父の勤務先 03 - 0000 - 1234 株式会社○○出版		

❾ 家族・同居人（本人は除く）

	氏名	年齢	備考
保護者	合格 優	45	御校の卒業生です
母	合格 秀子	42	
妹	合格 桜	9	

❿ 志願理由

教育方針 ・ 校風 ・ 大学進学実績 ・ 制服 ・ しつけ ・ 施設環境
家族に卒業生 ／ 在校生がいる ・ その他（　　　　）

※この欄の記入は自由です。記入されても合否には一切関係ありません。。

通っている塾の名前を記入してください。	
○○○○○○	

記入例B

志願者氏名	合格 のぞみ

⑪ 校内活動	部活動	ミニ・バスケットボール部
	クラス・生徒会での役員名	学級委員（小4／小5） 児童会副会長（小6）
⑫ 校外活動	出場・出品の大会名その成績	ミニ・バスケットボール K市大会準優勝（小5） 全国児童読書感想文コンクール入選（小6） 東京都下水道ポスターコンクール佳作（小5）
	学校生活以外の所属団体名および活動内容	「多摩川を守る会・少年少女部会」会員 地域のボランティアとして多摩川の自然を保持するために流域の清掃活動などを定期的に行っています。
趣味・特技・資格		ピアノ演奏 漢字検定3級（小5時に取得）

⑬ 志望理由	小学校5年生のときから、本人が御校学校説明会やオープンスクールなどに参加させていただきました。そうした折りに在校生のみなさんに接し、「ぜひ、この学校で勉強してみたい」という強い希望をいだくようになりました。両親としても、先生方のお話をお伺いする過程で御校の教育方針に共鳴し、ぜひ娘にこうした良好な教育環境のもとで中学高校時代を過ごさせてやりたいと念願しております（母記入）。

記入例C

⑭

平成25年度○○○○中学校入学願書

第1回入試用（試験日2月1日）

受験番号	

志願者	ふりがな	ごう かく た ろう	写真貼付（縦5cm × 横4cm以内）正面・上半身・脱帽 カラー・白黒いずれも可 裏面に氏名記入
	氏名	合格 太郎	
	生年月日	平成 12 年 5 月 19 日	
	現住所	〒101－0000 東京都千代田区○○○ 2-4-2 TEL 03（0000）5944	
	在籍小学校	東京都千代田区立○○ 小学校 平成 25 年 3 月 卒業見込	
保護者	ふりがな	ごう かく すぐる	志願者との続柄
	氏名	合格 優 印	父
	現住所	＜志願者と異なる場合のみご記入ください＞ TEL （ ）	

自宅以外の連絡先		連絡先	氏名または勤務先（志願者との関係）
	TEL・携帯	03 －0000 －1234	○○出版（父）
	TEL・携帯	090 －0000 －5678	秀子（母）
	TEL・携帯	－ －	（ ）

平成25年度

受験票

第1回入試用（試験日2月1日）

受験番号	
氏名	合格太郎

平成25年1月　日受付

入学試験時間割

1限	国語	8:45～9:35
2限	算数	9:50～10:40
3限	社会	10:55～11:35
4限	理科	11:50～12:30

受験上の注意
1. 試験当日この受験票をは必ず持参し、8時20分までに入室すること
2. 合格手続の際は、この受験票が必要が必要です。

○○○○中学校

⑪ 校内活動

書ける範囲でかまわないので、できるだけ記入するようにしましょう。

⑫ 校外活動

小1～小6までで該当する活動があれば記入しましょう。

⑬ 志願理由

文章は枠からはみださず、なるべく枠を満たすように書きましょう。学校の先生が目をとおすものなので、文体は「です・ます調」にします。入学したい熱意を学校に伝えるべく、学校の教育方針についての共感や、説明会などで学校に足を運んだ際に感じた率直な気持ちを綴ってください。どう書けばいいかわからなくなってしまったときは、その学校のどのようなところがいいと感じたのか思いだしてみましょう。

⑭ 切り取り

学校で受付処理がすんだら返却されます。絶対に自分で切り離さないようにしてください。

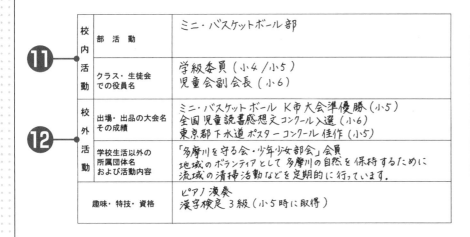

願書を書き終えたら

CHECK!

ミスはないだろうか

願書を書き終えたら、記入漏れや誤字・脱字がないかよくチェックしましょう。かならず記入者本人だけでなく、家族や第 3 者など複数の人の目で確認するようにして、ミスを防ぎましょう。

CHECK!

書き終えた願書はコピーをとる

面接のある学校では、願書の記入内容をもとにして質問をする場合も多いです。学校ごとになにを書いたかを理解し確認するためにも、記入後の願書はかならずコピーをとって保管しましょう。

CHECK!

1枚ずつ封筒で保管する

すべての書類がそろったら、封筒に入れておきましょう。封筒を学校ごとにわけておけば、紛失防止にもなり、確認も容易です。封筒には学校名と受験回数を書いておくことも忘れずに。

いよいよ出願

願書を提出し、受験票を受け取ったら本番を向かえるのみ。

複数校に出願する場合は、他校のものとまちがえないように注意しましょう。

日程の確認

受験校の出願日程には、入試日程と同じくらい細心の注意を払いましょう。学校によって受付期間は異なります。出願の締め切り日や時間などは、早めに確認しておきましょう。

郵送か窓口か

出願方法は学校によってさまざまです。

郵送出願は学校に出向く必要がないので、交通費と時間の節約にもなります。この場合は、締め切り日が「必着」か「消印有効」かをよく確認することが大切です。

窓口での出願は、受験当日の下調べにもなるほか、提出した際に書類の記入漏れや誤りなどがないかを直接確認してもらえます。念のため訂正印と、記入時と同じペンを持参しましょう。

郵送出願も窓口出願も、受付番号が早いか遅いかは合否にはいっさい関係ありませんが、できるだけ余裕を持って早めに出願するのがよいでしょう。

MEISEI

世界の星を育てます

中学１年生から英語の多読多聴を実施しています。
また、「わくわく理科実験」で理科の力を伸ばしています。

学校説明会

第4回 11月10日(土)
14:00～
[小6対象模試(要予約)]

第5回 11月22日(木)
19:00～
(Evening)

第6回 12月16日(日)
10:00～
[入試問題解説]

第7回 1月12日(土)
15:00～
[小6対象面接リハーサル(要予約)]

※予約不要

学校見学

月～金　9:00～16:00
土　9:00～14:00

※日曜・祝日はお休みです。
※事前にご予約のうえ
ご来校ください。

入学試験

2月 1日（金）
2月 2日（土）
2月 4日（月）

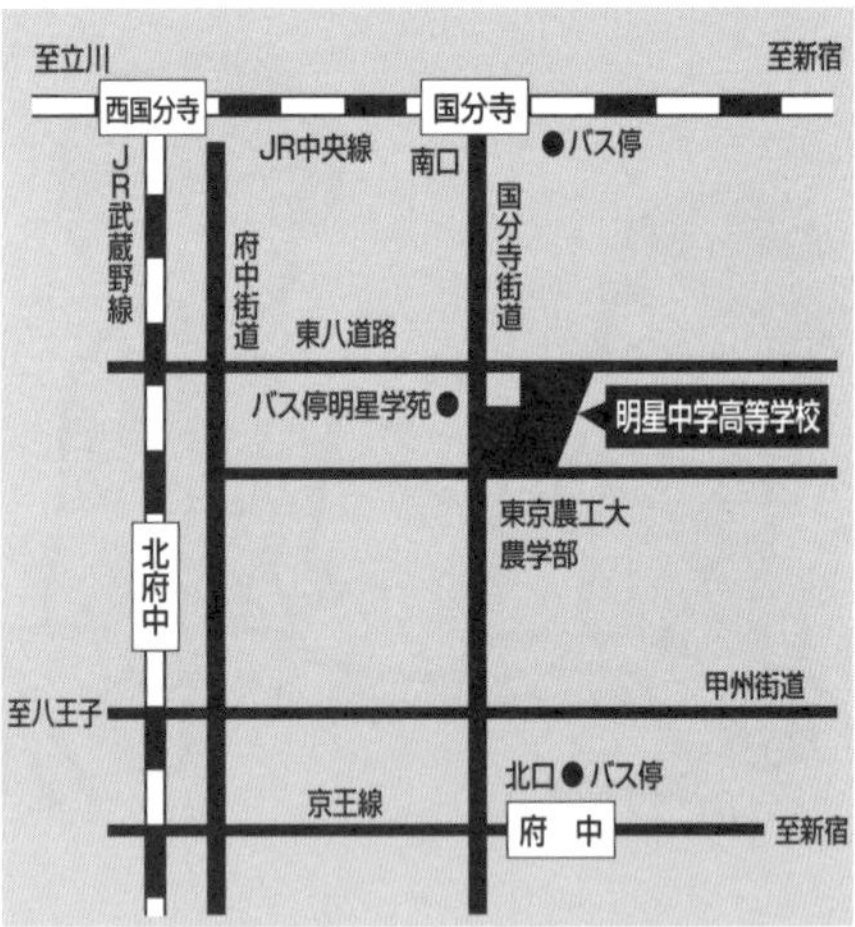

ご予約、お問い合わせは入学広報室までTEL．FAX．メールでどうぞ

MEISEI

明星中学校

〒183-8531　東京都府中市栄町1－1　入学広報室
TEL 042-368-5201(直通)　FAX 042-368-5872(直通)
(ホームページ)　http://www.meisei.ac.jp/hs/
（E-mail）pass@pr.meisei.ac.jp

交通／京王線「府中駅」
JR中央線／西武線「国分寺駅」
徒歩約20分
またはバス（両駅とも2番乗場）約7分「明星学苑」下車
JR武蔵野線「北府中駅」より徒歩約15分

「知性と感性」を兼ね備えた、自立心のある個性が育つ

「知性」が「感性」を支えるという考えは変わらず、中高ともに美術と学習の両面を重視する教育を実践してきました。

本校の進路実績では、毎年約9割が美術系に進路をとりますが、これは生徒自らが進路を選んだ結果です。

美術系以外の大学に進む者も例年ありますが、この生徒たちと美術系に進む生徒たちに差はありません。

皆「絵を描くことが好き」というところからスタートしたのです。

それは勉強にも生かされます。物を観て感性がとらえ、集中して描くことは、勉強に興味を持ってそれを学問として深めていく過程と同じなのです。

そして絵を描くことで常に自分と向き合う時間を過ごし、創造の喜びと厳しさも知ることで絵と共に成長するのです。

それが永年の進路実績に表れています。

■平成24年度　受験生対象行事

11月17日(土)	**公開授業**	8:35〜12:40
11月24日(土)	**公開授業**	8:35〜12:40
	学校説明会	14:00〜
12月8日(土)	**ミニ学校説明会**	14:00〜
1月12日(土)	**ミニ学校説明会**	14:00〜

■高等学校卒業制作展

3月1日(金)〜3月8日(金)
10:00〜17:00　東京都美術館

●本校へのご質問やご見学を希望される方には、随時対応させて頂いております。
お気軽にお問い合わせください。

■平成25年度募集要項(抜粋)

	第1回	第2回
募集人員	女子110名	女子25名
考査日	2月1日(金)	2月3日(日)
試験科目	2科4科選択 国・算　各100点 社・理　各　50点 面接(約3分)	2科 国・算　各100点 面接(約3分)
願書受付	1/21(月)〜30(水)　郵送必着 ※持参の場合のみ 1/31(木)12：00まで受付可	1/21(月)〜30(水)　郵送必着 ※持参の場合のみ 2/2(土)12：00まで受付可
合格発表	2月1日(金) 19：00〜20：00頃	2月3日(日) 17:00〜18:00頃
	校内掲示・HP・携帯サイト	

美

女子美術大学付属高等学校・中学校

〒166-8538　東京都杉並区和田1-49-8　TEL 03 - 5340 - 4541　URL http://www.joshibi.ac.jp/fuzoku/

Senshu University Matsudo Junior High school & High school
中
専修大学松戸中学校
〒271-8585 千葉県松戸市上本郷2-3621 TEL.047-362-9102
http://www.senshu-u-matsudo.ed.jp/
2013
確かな理念を発展させ
世界へ羽ばたくリーダーを
ここから育てます
試験日程予定【全3回】・募集人数
第1回 1/20 日【募集人数:100名】
第2回 1/25 金【募集人数:30名】
第3回 2/ 3 日【募集人数:20名】
3回とも4科目(面接なし)です。
第1回の定員には帰国生枠(若干名)を含みます。
帰国生入試に出願の場合のみ、面接試験があります。
■中学校説明会日程
学校説明会
第2回 11月10日(土)
第3回 11月25日(日)
第4回 12月16日(日)
●いずれも 10:00~12:00
第5回 1月 5日(土)
●14:00~15:00(初めて本校の説明をお聞きになる受験生・保護者対象)

知っていれば恐くない！

中学受験の面接対策

中学入試における面接は、減少傾向にある一方で、これまでの伝統どおり実施する学校も少なくありません。受験生の側からすると、面接があると身構えてしまいがちですが、それほどむずかしく考える必要はありません。中学入試における面接とはどんなものなのか、その中身を知れば不安も解消するはずです。

中学入試における面接の有無と傾向

中学入試において、合否の判断は、客観的で公平な基準とするため、おもに学科試験の得点によって行われます。そうしたこともあり、近年の全体的な傾向として、中学入試において、「面接」を実施しない学校が増えています。

　複数の学校を併願する受験生が多いということから、受験生とそのご家庭の負担を軽減するという学校の配慮だとも言われています。また、近年では午後入試が一般化してきており、時間的な制約から面接を行わなくなっているという側面もあるでしょう。

　それでも、従来からの学校のポリシーとして、受験生全員を対象に面接を行っている学校もあります。

合否の判断はあくまで筆記試験

　自分が受験する学校に面接があるかどうか、また、どの程度面接を重視するかということは、これまでの学校説明会や入試要項などですでに確認されていると思いますが、82ページ以降の「中学入試知っ得データ」にも各学校の入試について載せてあるので参考にしてください。

　さて、その面接について、本誌のアンケートでも「面接を重視する」と回答している学校は多くはありません。「重視する」としても合否の判断は筆記試験の結果が主たる資料となることは変わりません。

　面接を実施している学校の多くが、面接は「参考程度」と回答していますし、面接時間はだいたいで5分程度です。

　こうした学校の多くは、受験生を振り落とす目的で面接を行うのではなく、受験生の側にも、面接をとおして学校を知ってほしいという願いがこめられています。また、入学前から志願者と学校側が顔を合わせ、話をしておくことで、より教育効果を高める目的で面接が行われています。

　ですから、受験生としては、自然体で面接にのぞめばよいのです。もし、人前で話すのが苦手だったり、緊張してしまうというお子さまでも、試験官の先生はそういう多くの子どもたちを見てきていますので、気にする必要はありません。必要以上に面接対策を講じたり、面接があるという理由だけで受験を避けるのはもったいないでしょう。

　しかも、面接では聞かれる内容はある程度決まっています。それがわかっていれば、過度に緊張する必要もないのです。

【受験生への質問例】

・名前と受験番号を言ってください。
・本校を志望した理由を言ってください。
・入学したら、いちばんやりたいことはなんですか。
・この学校に入ったらどんなクラブ活動をやってみたいですか。
・家からこの学校に来るまでの経路を簡単に説明してください。
・あなたの長所と短所を教えてください。
・好きな科目と苦手な科目はなんですか。
・小学校でいちばん好きな場所はどこですか。
・小学校生活で、最も心に残っていることはどんなことですか。
・家でいちばん好きな場所はどこですか。
・きょうの筆記試験はできましたか。
・最近、どんな本を読みましたか。
・好きな本はどんな本ですか。
・最近、気になったニュースはどんなことですか。
・あなたの尊敬する人物はだれですか。その理由はなんですか。
・あなたが大切にしているものはなんですか。
・将来の夢はなんですか。
・いままで、いちばんうれしかったことと、悲しかったことはなんですか。
・お母さんの料理で、なにがいちばん好きですか。
・おうちで、あなたが担当しているお手伝いがありますか。それはどんなことですか。
・ピアノを習っているそうですが、好きな曲はなんですか（習いごとがある場合、それぞれに合わせた質問になる）。
・（面接の待ち時間に「絵本」を渡されていて）絵本を読んだ感想と、その絵本を知らない人に内容を紹介してください。
・本校のほかに受験している学校はありますか。
・タイムトラベルするとしたら、だれとどの時代に行ってみたいですか。
・地球に優しいことを具体的になにかしたり、心がけていることはありますか。
・いま、クラスでいじめにあっている人がいるとします。あなたは、どうしますか。

大切なのは面接官との会話

面接で問われる内容は学校によってちがいますが、いちばん多く聞かれるものとして「志望理由」があげられます。志望理由は、なぜその学校に行きたいかという基本的なことですので、自分の言葉で思いを伝えることが大切です。また、その際に、願書に書いた志望理由とずれがあってはいけませんので、願書はかならずコピーしておきましょう。

そのほか、よく聞かれる質問について上記にまとめました。ご覧いただけるとわかると思いますが、特別なことを聞かれるわけではありません。そのため、普段からお子さまとその学校についての話をしておくことが、いちばんの面接対策になるでしょう。

学習塾によっては、面接の練習として模擬面接を行うところもあります。こうした機会をうまく利用し、面接の雰囲気をつかんでおくと、本番ではリラックスしてのぞむことができるでしょう。

面接で大切なのは面接官との会話です。面接官がなにを聞いているのか、質問をきちんと聞き取り、自分の言葉ではっきりと話をしましょう

用意してきた答えをきちんと話さなければと焦るあまりに、質問が終わらないうちから答え始めてしまったり、聞かれていないことを話したりしないようにしましょう。落ちついて話すことができればむずかしいことはありません。

そして次に、話し方と姿勢に気をつけましょう。

いくら話の内容がよくても、友だちと話すような話し方だったり、だらしない姿勢ではあまり印象がよくありません。語尾を伸ばしたりせず、友だちや保護者と話す場合、それ以外のおとなと話す場合で、言葉づかいを区別するように心がけましょう。

イスに座るときは、あまり深く座らず、背もたれに背中がつかない程度にこしかけ、背筋を伸ばしましょう。ふだんから意識しておくと、自然にできるようになります。また、このとき、手の位置は、膝のうえに自然に置きます。不必要にぶらぶらと動かしたりしないようにしましょう。

面接に着ていく服装について

面接が実施される学校を受験する場合、とくに女子受験生を中心として、「どのような服装でのぞんだらよいのか」というご質問をしばしばお受けします。この点については、学校側が受

【保護者への質問例】

・志望理由を教えてください。
・本校についての印象を教えてください。
・本校のことを、どのようにして知りましたか。
・中高6カ年一貫教育についてどうお考えですか。
・ご家庭でお子さまをお育てになるうえで、とくに留意されていることはなんですか。
・日ごろ、ご家庭で話をする内容はどんなことですか。
・通学に要する時間（通学経路を含む）はどのくらいですか。
・親子のコミュニケーションで気をつけていることはありますか。
・ご家族でお休みの日にはどう過ごしていますか。
・ご家庭で決まっているルールはなにかありますか。
・お子さまはどのような性格ですか。
・お子さまの長所と短所をあげてください。
・お子さまの特技はなんですか。
・お子さまを、どんなときにほめてあげますか。
・ご家庭でお子さまの果たす役割はどんなことですか。
・お子さまは大きな病気にかかったことがありますか。
・お子さまの将来について、保護者としてのご希望はありますか。
・本校に期待していることはありますか。
・本校はキリスト教主義の学校ですが、キリスト教についてどのようにお考えですか。

験生の服装に言及することはまったくありません。ごくふつうの服装でかまいません。

　とは言っても、どんな服装をしていけばよいか悩む人も多いと思います。男子ではセーターにズボン、女子ではブレザーにスカートという人が多いようです。もしほかの受験者とちがうということを気にしてしまうのであれば、そうした服装に合わせてもよいかもしれません。受験は寒い時期ですので、暖かい格好であることも大切です。

　当日に面接用に着替えることまでは必要ありません。ふだん着慣れた格好の方が、試験も落ちついて受けられるでしょう。

保護者と面接をする場合

中学受験の面接では受験生本人だけではなく、保護者についても面接を実施している学校もあります。

　その形態には、次ページにあるように「受験生ひとりのみの面接」、「受験生のグループ面接」、「受験生＋保護者の面接」「保護者のみの面接」の４種類があります。

　さて、保護者への面接がある場合、保護者の対応によって不合格となってしまうことを心配するかたが非常に多くおられます。面接後、「お父さんがあんなことを言ったから」などと子どもに言われたらどうしよう、と変なプレッシャーを感じている保護者のかたもおられます。

　しかし、お子さまの面接と同様に保護者の面接内容が合否の結果につながることはありません。

　学校側は、保護者のみなさんとお話する機会を設けることで、「直接に学校の教育理念をお伝えしたり、各ご家庭の教育方針などをお聞きすることで、入学後の生徒の成長につなげていきたい」との考えで保護者との面接を実施しています。

ですから保護者面接は、それぞれのご家庭の事情によって、保護者がひとりでもふたりであってもまったく関係がありません。

入試要項に「保護者は1名でも可」という趣旨の但し書きがあることも多いのですが、これは「1名でもいいけれど、2名なら、より好ましい」という意味ではありません。

保護者面接においても受験生と同じく、特別な質問がなされるわけではありません。

志望理由やお子さんを育てられるうえでとくに留意なさっていることなど、各ご家庭の教育方針や入学後の学校への希望などについてお聞きするというのが中心になります。

いずれも、学校側としては特別な回答内容を要求しているわけではなく、入学された場合、各ご家庭の期待に応えられる教育を実現するためには、学校とご家庭が協力して、ともどもに教育にあたっていく第一歩としての機会ととらえています。そのため、お子さま同様に、気負いすぎないように気をつけてください。

なお、実際の準備として、出願時に提出する願書やアンケートなどの提出書類については、かならずコピーをとり、学校ごとに整理しておき、保護者面接の前日には、そうした提出書類の記載内容に目をとおしておくことをおすすめします。

面接では出願書類に記載された内容について問われることも少なくないからです。

「面接」について不安のある場合は、受験生の先輩に聞くなどの方法もありますが、やはり、進学塾の先生に聞くのがいちばんです。

気負いすぎることなく、これから入学する先生たちとの初めて会話だという気持ちで面接にのぞんでください。

4パターン】

①受験生のみ（個人面接）

中学入試で最も多いのがこのかたちです。一般的に受験生ひとりに対して、面接官が1～2名で、時間は3～5分程度です。お子さまひとりでのぞむので、緊張感も強くなりますが、入室方法、イスの座り方など確認しておけば、むずかしいことはありません。面接官の質問にハキハキ応えるようにしましょう。

②受験生のみ（グループ面接）

受験生3～6名に対して面接官が2～5名で行われます。一般的にはひとりずつ順番に質問が行われますが、面接官の質問に対して挙手をして答えるという場合もあります。積極的に手をあげて答えたいものです。また、ほかの受験生が答えているときは、口を挟んだり手を動かしたりせず、しっかりと聞いていることも大切です。

【面接形式

③受験生＆保護者

受験生と保護者に対して、面接官１～３名で行われます。とくに指示がなければ、保護者の出席はひとりで大丈夫です。大切なことは、じっくりと質問を聞き、「質問をされた方が答える」ことです。お子さんの回答に答えてしまわないように注意します。親子関係を見られているので、質問の答えに食いちがいがないようにしましょう。

④保護者のみ

面接官１～２名が一般的です。とくに指示がなければ保護者の出席は１名で大丈夫です。受験生のみの面接と並行して行われることが多いので、志望理由などお子さまとの回答がちがわないよう、事前によく話しあっておきましょう。また、家庭の教育方針や学校の教育方針への理解などがよく聞かれます。

人間と知性を育てる開智未来

2期生入学でさらに進化

本質的だから最先端の学びになる。世界水準の学びに挑戦！
開智中学・高等学校のパイロットスクールに精鋭教師陣が集結！

開智学園の教育を開発する

開智未来は、これまで開智中学・高等学校が積み上げてきた教育の成果の上に、さらに「知性と人間を追究する進化系進学校」として、新しい教育実践を開発して子どもたちを伸ばし、その成果を地域および全国に発信し社会に貢献する学校を目指します。

理科の校内フィールドワーク

校長自らが行う哲学の授業、環境未来学、未来型知性を育成するIT教育、論理的思考力を高める論理エンジン、コミュニケーション型知性を育む学び合い、学校・家庭・地域連携の共育など、さまざまな教育活動を開発し、発信していきます。

4つの知性を育てる

最難関大学合格を可能にする学力、そして、生涯にわたって発揮される学力を育成するために「4つの知性の育成」を謳っています。4つの知性とはIT活用力などの未来型知性、カナダ環境フィールドワークなど体験や行動を重んじた身体型知性、暗誦教育に代表される伝統型知性、そして、対話的授業や生徒どうしの学び合いによるコミュニケーション型知性で、それらの知性をバランスよく磨き上げる授業を目指しています。

関根校長の哲学の授業

開智未来では、関根校長自らが週1時間、「哲学」の授業を行っています。校長は東京大学で教育哲学を学び、公立高校教員となり51歳で校長の職を辞して開智高等学校校長を2年間務めた後、開智未来中学・高等学校の校長となりました。

「人間が育つから学力が伸びる、学力が伸びるから人間が育つ」というサプリの考えに基づき、哲学の授業では思考力や言葉力を育成するとともに、学びのスキルや「人のために学ぶ」志を鍛えます。

一緒に未来を創る精鋭教師陣

関根校長と共に、「開智未来」の教育を開発するにあたり、優秀なスタッフが集結しました。その一部を紹介します。

公立高校から迎えた加藤教頭は、文部科学大臣表彰を受けた情報教育の第一人者で、教頭として学校全体の教育活動を取りまとめる一方で、「未来型知性」育成プログラムの責任者として開智未来の教育を創っていきます。

公立中学校から迎えた国語科の堀口教諭は、「論理エンジン」を導入して、論理的思考力を高める授業を開発しています。言葉力をゆたかに育て国語力を高める独自の「堀口メソッド」は有名です。

数学科の藤井教諭は開智中学・高等学校（中高一貫部）から異動しました。独自のテキストを開発し、「試行力・直観力・説明力・俯瞰力」を養成する「数学教育理論」で、数学好きの生徒を育てます。

英語科の原田教諭は開智小学校（総合

関根校長のサプリ

部セカンダリー）から異動しました。キャビン・アテンダント、スイス銀行などのキャリアを生かし、「シャドーイング・多読プログラム・速読演習」や「英語合宿・カナダ環境フィールドワーク」を企画・推進し、国際化に対応する「開智未来の英語」を開発しています。

保健体育科の小林教諭は、授業姿勢を支える体幹づくりやパワーヨガなど、学力を支える「開智未来の体育」を開発しています。前任の開智高等学校（高等部）では、進路実績をだす学年主任として評価も高く、開智未来では生徒指導主任として未来生の志を育てます。

学びのスキルがアップする説明会

開智未来の説明会では、関根校長が小学生親子サプリを毎回実施し、メモのスキルを鍛え、学習方法のアドバイスを行います。今後の入試問題解説会、クリスマスサプリでもバージョンアップで実施します。一足先に日本で開智未来だけの「哲学の授業」を体験しましょう。

チャンスが広がる4回の入試

開智未来の入試は「知識・思考力・記述力」を異なる尺度で問う入試を4回実施します。さいたま市の開智中学校「第1回」および「先端A」入試の午後入試として、開智未来の「第2回」および「未来選抜」入試を実施します。開智中学や都内難関校との併願者向きの問題で、開智中学校とさいたまアリーナが会場となります。また、「第1回」および「第4回」入試は、基礎的な知識をもとに思考力や記述力を問う問題です。

受験料は、4回すべて受験しても2万円、開智中学校と計8回の入試をすべて受験しても3万円で受験できます。

朝の学び合い

■未来の入試傾向を知ろう！「入試問題解説会」 予約不要（対象は小6生および保護者）

開催日	時　間	主な説明内容	スクールバス運行
11月18日(日) 11月24日(土)	10時00分～12時00分	・４教科アドバイス ・各回入試傾向 ・小学生サプリ「アウトプット編」	栗橋駅発：９時10分 加須駅発：８時55分 終了時も運行あり

■未来の入試傾向を知ろう！「入試問題解説会」 ホームページからの予約制で１回90組限定（対象は小６生および保護者）

開催日	時　間	主な説明内容	スクールバス運行
12月 8日(土) 12月15日(土) 12月24日(祝)	10時00分～12時00分	・国算実戦演習と解説 ・クリスマスサプリ「受験編」 ・親サプリ講座	栗橋駅発：９時10分 加須駅発：８時55分 終了時も運行あり

病気対策を万全にして入試に備えよう！

入試が目前に迫ってきました。少しでもいいコンディションで最後の追い込み、そして本番を迎えたいですよね。ちょっとしたことから体調を崩しやすいのがこれからの季節です。注意すべき病気・疾患についての知識を身につけて、しっかりと対策していきましょう。

医療法人社団裕健会理事長　神田クリニック院長　馬渕浩輔

気をつけたい病気とその対処法

No.1 インフルエンザ

12月～3月に流行する「インフルエンザ」は、受験生やそのご家族にとって最も避けたい病気のひとつです。

インフルエンザとは、インフルエンザウイルスによって引き起こされる病気で、A型（ソ連型・香港型）、B型、C型、新型に分けられます。このうち大きな流行を起こすものとしてA型（ソ連型・香港型）、B型、新型があり、C型は、軽症のことが多くなります。

インフルエンザと風邪との大きなちがいとしては、急激な発熱の有無があげられます。そして、38度以上の高熱に加え、悪寒や激しい関節痛といった全身症状が見られます。治療を怠れば熱が1週間ほどつづくうえ、悪化してしまうと、さまざまな合併症を引き起こす可能性もあるので注意が必要です。

治療

・潜伏期

インフルエンザの潜伏期は1～4日くらいと言われています。発症から48時間以内に抗インフルエンザ薬を投与することで、症状を大きく改善することができます。熱について言えば、長くとも2～3日で下がると思いますので、急な発熱の場合には、できるだけ早く医療機関を受診して検査を受けるようにしましょう。

また、もし発症から48時間を超えてしまった場合でも、かならず医療機関を受診してください。症状が強くでている場合、医師が必要と判断すれば抗インフルエンザ薬を投与することもあります。使わなくても、症状を和らげるなどの治療が中心と

なりますが、その場合も医師の指示どおりにしてください。

のどの痛みや発熱などの症状は、薬局などで購入できる市販薬で緩和することができます。しかし、それでは根本的な治療にはなりません。

大切なのは、発症してしまって寝込んでいるときでも食事をとることです。しっかりと食事をとらないと免疫力が低下するので、ウイルスを身体から追いだす力も弱くなってしまいます。

・投薬

抗インフルエンザ薬として知られている「タミフル」が、服用後の異常行動や副作用などで少し前に問題となったことがありました。ですが、現在では、若い人のインフルエンザ治療においてはタミフルよりも「リレンザ」や「イナビル」といった吸入タイプのものが主流となっています。

一昨年から新しく使われるようになったイナビルという薬は、1回吸入すればいいというもの。リレンザは5日間吸入しなければならなかったのですが、イナビルだと1度ですみ、吸入も中学受験をする小学生であれば、問題なくできるものです。これまでのところ、副作用についての大きな報告はとくにないため、イナビルを使った治療が主流になってきています。

・予防ワクチン

インフルエンザ予防のために最も効果的とされているのがワクチンの接種です。A・B・新型の3種混合のものを近年は受けることができますので、新型に対して改めてワクチンを受ける必要はなくなっています。ただ、13歳以下のお子さんは免疫力が低いため、2回打たなくてはなりません。

また、ワクチンは打ってから効果がでるまで約2週間、有効期間は約5カ月と言われています。ですから、それらの期間を考えて、受験予定のご家庭においては、年内の早いうちに1回目を、年が明けた1月に2回目を打つのがよいでしょう。

・完治の目安

インフルエンザは完治まで、原則として発症の翌日から7日間、かつ解熱後2日間かかるとされています。発症したあと、早めに処置を行って抗インフルエンザ薬を使用すれば、2～3日で解熱でき、その後関節痛もとれてきます。ただ、そこで完治したと考えて外出するのは控えた方がよいでしょう。

なぜなら、イナビルなどの抗インフルエンザ薬を使用すると、急速にウイルスは減りますが、ゼロになるわけではないからです。まだ菌は残っていますから、その状態で外にでるとインフルエンザの菌をまき散らしてしまうことになります。

・気をつけたい対応策

インフルエンザによって高熱がでたからといって、アスピリンやロキソニンなどの解熱剤をお子さんに投与することはけっしてしないでください。副作用として、脳症など脳の問題を引き起こす場合もあるからです。どうしても解熱剤がほしいということであれば、医療機関の診断を受け、アセトアミノフェン（商品名：カロナール）やカルナールなどの薬を処方してもらいましょう。

No.2 風邪

RSウイルスやアデノウイルス、ライノウイルスなどの感染症を総称して風邪症候群と呼んでおり、これがいわゆる「風邪」というものです。

風邪の症状としては、鼻水、鼻づまり、咳（せき）、痰（たん）、のどの痛みなどがおもです。インフルエンザとはちがい、発熱してもそこまで高熱にはなりません。そして、1週間以上こうした症状がつづく場合は別の病気を疑った方がよいでしょう。

今年はRSウイルスが流行しています。

RSウイルスは小さなお子さまがかかると、ときとして重症化することがあります。受験生の年齢になれば重症化は少なくなりますが、咳、発熱がひどいときは医療機関を受診してください。

風邪の場合は、インフルエンザとちがい抗ウイルス薬は存在せず、自然に治ることがほとんどです。よく休み、睡眠をとることと、食事（栄養）をきちんととることが大切です。また、気をつけたいのは脱水です。水分補給をしっかりするようにしましょう。

No.3 ウイルス性胃腸炎

ノロウイルスやロタウイルス、アデノウイルスなどのウイルスによって引き起こされるウイルス性の腸炎にも、この時期は気をつけたいものです。

急激な吐き気、おう吐、腹痛、下痢などがおもな症状としてあげられます。

ノロウイルスはカキなどの二枚貝に存在すると言われています。かといって、貝類を食べていなければかからないというわけではないのでご注意を。これらのウイルスは吐物や便器、水道の蛇口などに付着していることが多いので、つねに清潔にしておくことが予防につながります。

No.4 マイコプラズマ肺炎 百日咳

咳が1～2週間つづくようであれば、マイコプラズマ肺炎や百日咳かもしれません。こうした場合は、医療機関で診察を受けるようにしてください。

症状としては、おもに乾いた咳がつづくだけですが、微熱がでて、それが長引く場合もあります。悪化すると、肺炎を起こしたり、髄膜炎を起こすこともあると言われており注意が必要です。

病気に関する素朴なQ&A

Q：どこまでなら市販薬で大丈夫でしょうか

A：鼻水、咳、痰程度であれば、最初は市販薬でも問題ないでしょう。ただ、2、3日使ってみても症状がよくならないようであれば、医療機関を受診するようにしましょう。

Q：病院で感染することもあると聞いたのですが

A：これからの時期、小児科には多数の患者さんが来院します。そうすると待合室で感染してしまう可能性もでてきます。
かなり高い熱がでていたり、明らかにインフルエンザが疑われるときには、小児科にまず電話をして、どういう対策を取るべきか相談した方がよいでしょう。また、医療機関には電話をしてから行った方がよいと思います。感染予防のことや待ち時間の問題があるからです。こうしたことも施設によってちがいがありますので、どの医療機関にせよ、一度連絡をとってみてください。

Q：お風呂には入ってよいのでしょうか

A：高熱がでている場合はお風呂は避けた方がよいですが、絶対に入ってはいけないということはありません。37度程度の微熱であれば、清潔にするという観点からも、汗を流したりするためにお風呂に入ってもかまわないでしょう。

Q：水分はとった方がよいのでしょうか

A：脱水症状を起こさないためにも水分補給は必要です。お子さんの尿の回数が少なくなっていれば、脱水を起こしている可能性があります。尿が減ってきたり、色が濃くなってきている場合は注意が必要なサインですので、見落とさないようにしてください。発熱がある場合は、水だけで少なくとも1日1.5ℓは摂らせましょう。

病気を防ぐ予防法

ここまで紹介してきた病気のうち、インフルエンザや風邪は、ウイルスが飛んでくることで感染（飛沫感染と言います）します。ですから、くしゃみや咳を直接浴びないようにすることが大切。毎日通う学校や、バス・電車などの公共交通機関、それ以外にも人が多いところで感染することが多いので注意しましょう。

予防法 1 うがい

うがい用として、イソジンなどさまざまなうがい薬が市販されていますが、うがいのときにそれらをかならず使わなければいけないということはありません。じつは真水でもじゅうぶん効果があります。いずれにせよ、外出後にはかならずうがいをする習慣をつけましょう。

予防法 2 手洗い

外出先ではいろいろなものを触ることになるので、手指に菌がつくのはなかなか防げません。そのぶん、指や手のひらといった大きな部分だけではなく、指と指の間なども忘れずきれいに洗うということが大事になってきます。

予防法 3 マスクをする

ウイルスは非常に小さく、マスクの穴をとおってしまうこともありますが、直接的に飛沫を浴びないという点で意味があるのです。また、インフルエンザのウイルスは乾燥しているところを好むので、マスクをすることでのどの湿度があがり、その予防にもなります。

予防法 4 タオルの共有を避ける

ご家庭でうがいや手洗いをしたあとは、ペーパータオルを使ったり、一人ひとりが個人的にタオルを持って使うようにしましょう。見落としがちですが、タオルを共同で使うことによって家族内で感染してしまうこともあるからです。

予防法 5 加湿

鼻やのどの粘膜が乾燥すると、ウイルスなどを防ぐ身体の働きが弱まってしまいます。とくにこの季節は空気が乾燥していますので、それを防ぐためにも、加湿機を使う、室内に洗濯物を干す、水を張っておくなど、ご家庭で加湿する工夫をしてください。

昭和学院

秀英中学校／秀英高等学校

着々と、秀英で。

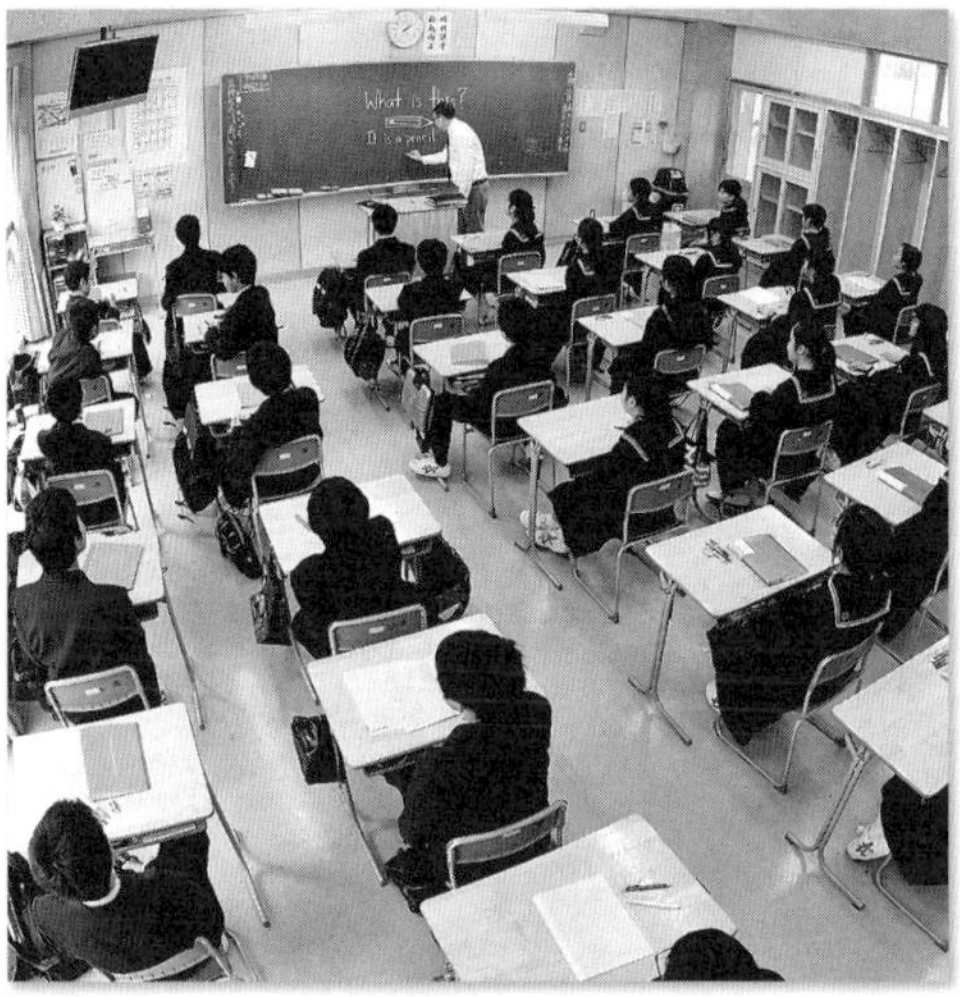

■平成25年度入試要項（概要）

		第1回（第一志望）	第2回（一般）	第3回（一般）
募集定員		40名	100名	約20名
入試日		12/1（土）	1/22（火）	2/4（月）
出願	窓口	11/19（月）〜21（水）	1/11（金）・12（土）	1/23（水）〜2/3（日）
	郵送		12/17（月）〜1/4（金）必着	
試験科目		国語（50分）　理科（40分）　社会（40分）　算数（50分）		

〒261-0014　千葉市美浜区若葉1丁目2番　TEL:043-272-2481　FAX:043-272-4732

showa gakuin Shuei

困ったときのアドバイス

試験当日のQ&A

入試本番が近づいてきました。お子さんや保護者のなかには、今年初めて中学受験を経験するというご家庭も多いと思います。そこで、試験当日の行動について、みなさんからよく寄せられるご質問にお答えします。もしものときに慌てないために、確認しておきましょう。

Q1

Q 試験当日は何時に起きればいいの？

A 試験開始3時間前を目安に

一般的に、起床してから脳が活発に動き始めるまでに、3時間かかると言われています。そのため、頭脳を効果的に使うためには、試験開始から逆算して3時間前には起きるようにするのが望ましいでしょう。

気をつけたいのは、夜遅くまでの塾通いや自宅学習などで就寝時間が遅くなっている「夜型」の生活をしている受験生です。この場合、試験の日だけ早起きとなると、どうしても眠気が残ってしまいベストの実力をだせない可能性もあります。

ですから、「夜型」のかたは冬期講習の時期くらいから、徐々に「朝型」の生活に切り替えていく必要があります。生活習慣を変えるのは想像するよりもむずかしいもの。毎日少しずつ就寝時間を早めて試験までに「朝型」になることをめざしましょう。

Q2

Q 受験生は試験にはひとりで行くの？

A 入試へはかならず保護者が同伴しましょう

　中学受験では、入試に保護者が同伴するのがふつうです。

　もちろん、中学生になれば中学校へはひとりで通学することになりますが、入学試験の段階ではまだ小学生。慣れない交通機関を利用するうえ、通勤や通学する人びとで混雑する電車やバスに乗って試験会場へ向かうのですから、子どもだけとなると心配です。

　交通機関に障害が生じたり、なんらかの事故に巻きこまれるといった不測の事態も考えられますので、会場へは保護者が同行する方が望ましいでしょう。

　また、受験本番を前にして受験生は緊張もしていますし、なにかと不安を感じることも多いと思います。そんなときに保護者がいっしょにいることで、お子さまも安心するでしょう。

Q3

Q 電車が遅れて遅刻しそうなときは？

A 公共交通機関の遅れは学校が対応してくれます

　試験会場に向かう電車が遅れてしまい、遅刻しそうになった場合は、とにかく慌てないこと。公共交通機関の乱れによる遅刻に関しては、各校とも適宜対応しています。学校によっては別室で時間を繰り下げて受験できる場合もあります。事前に学校ごとの対応方法を確認しておきましょう。

　こうした遅刻者への対応については、公共交通機関の遅延を理由と定めている場合が多いので、電車が止まったからといってあわててタクシーに乗り換えることは控えましょう。電車の遅延証明を受け取りそれを持参して試験会場へ向かってください。

　もちろん、こうしたことも考慮し、少し早めに家をでるように心がけることがいちばん大切です。目安としては、集合時間の30分前に到着するのが理想です。

Q4

Q 保健室受験・別室受験ってなんですか？

A 具合が悪いときなどへの学校の対応策です

保健室受験・別室受験とは、試験当日に具合が悪くなってしまい指定された試験会場での受験がむずかしい受験生のために、各学校が別会場を用意し、そちらで受験させるという対応方法を言います。

保健室で受験することを保健室受験、別の教室が用意されている場合を別室受験と言います。これには、咳がひどいなど、他の受験生に影響があると判断されたような場合にも実施されることがあります。

保健室受験・別室受験となっても、試験時間や合否判断においては一般の入試と変わらず、有利不利は生じません。体調管理については、予防接種を受けておくなど、できるかぎり予防策をとるべきですが、もし当日の体調がよくないような場合には、無理せず申しでて、こうした別室での受験を考えてみましょう。

Q5

Q 休み時間の過ごし方は？

A つぎの教科に向けて静かに心の準備を

試験と試験の間の休み時間をどう過ごせばいいのか、とまどうお子さまも多いと思います。休み時間は、とくになにかしようと意識せずに、早めにトイレをすませ（トイレは混む場合がありますので早めに行くことをおすすめします）、つぎの教科に向けて心の準備をする時間に使うとよいでしょう。

好ましくないのは、終了した試験について考えてしまったり、同じ試験を受けている友人と試験内容について会話することです。友人と解答が異なっていた場合や、自分が解けなかった問題を友人が解けていたことなどを話して無用な動揺をしてしまい、以降の試験にマイナスに作用する場合が多いからです。うまくいかなかったとしても、つぎの試験が待っています。気持ちを切り替えて集中する時間にあてましょう。

Q6

Q 試験のときはどんなお弁当がいいの？

A 食べやすく消化がよいものを心がけて

試験に持参するお弁当の中身については、ふだん塾通いの際に用意しているような、いつものお弁当と同じで大丈夫です。

お子さんにとっても、食べ慣れた量とおかずである方が落ちつけるのではないでしょうか。

試験だからといって、量をいつもより多くしたり、おかずを豪華にする必要もありません。大事な日ですので、いつもよりボリュームのあるお弁当を用意してしまいがちですが、緊張してあまり食べられなかったり、胃もたれの原因になってしまう可能性もありますので、消化がよく適度な量を心がけてください。

食べやすくて心のこもったお弁当であればよいと思います。寒い季節ですので、保温のできる水筒に温かい飲み物を用意してあげるのもいいですね。

Q7

Q 午後入試は子どもに負担がかかる？

A やはり疲労度は大、そこを考慮してフォローを

午後入試は１日に２校の入試を受けられるメリットがあり、多くの学校で導入されています。しかし、１日につづけて２回試験を受けることになりますので、緊張も２倍に…。小学生のお子さまにとって、体力的にも精神的にも負担は大きいと言えるでしょう。午後入試を検討する場合には、事前にお子さまへの負担をよく考えて試験日程を組むようにしましょう。

とくに気をつけたいのは合格発表です。午前入試と午後入試がどちらも即日発表の場合、１日に２校不合格となることも考えられます。まだ12歳の子どもにとって、不合格という結果はおとなが思っている以上にショックが大きいものです。午後入試を取り入れる際には、お子さまの体力と精神面をよく考慮し、無理がないかじゅうぶん気を配る必要があります。

Q8

Q 子どもが「失敗した」と言って帰ってきたら…
A 絶対に責めないで、力強く励まして

「ダメだった」「全然できなかった」「失敗した」……。子どもが試験を終えて青白い顔をして帰ってきたら、親の方もがっかりして青くなってしまいます。

　しかし、こんなときこそ、力強く励ます言葉が大事です。なにしろ、まだ合否の結果はでていないのですから。「ほかの子だってできてないかも」「まだわからないよ。それより切り換えてつぎがんばろう」と明るいお父さん・お母さんでいてください。

「実力はあるのに残念だね」とか、「そんなの家ではできてたじゃない！」なんて言うのは禁物。本人にはプレッシャーになってしまいます。まして、ここで叱ってしまってはいけません。まちがいを責めるのではなく、「できた」部分を認めてあげて励ましましょう。まだ入試は始まったばかりです。

Q9

Q 試験の間、保護者はどこにいるの？
A 校内には「保護者控え室」があります

　校内に「保護者控え室」を用意している学校がほとんどです。温かい飲みものを用意している学校もあります。ただ、受験生が多い学校では、体育館など暖房が行き届かないケースもありますので、防寒には注意を払いたいものです。

　入試が始まってしまえば、終わるまで受験生には会えません。保護者にとっても長丁場ですから、読書など時間を過ごせる準備をしておきましょう。

　科目ごとに試験問題を貼りだす学校も多くなりましたので、メモのために筆記道具を持っていくと便利です。しかし、入試後に子どもの方から言いださないかぎり、「あの問題どうだった？」と話題にするのは避けたいものです。終わったことより、つぎに向けて頭を切り換えることの方が大切だからです。

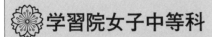

Q 試験を終えた日の勉強は？

A 勉強は軽くすませて翌日の試験に備えて

Q10

首都圏の中学入試では、ひとり5～6校受験しています。そのため、多くの場合、試験初日から全日程を受験し終わるまで連続的に入試がつづきます。たとえ1日であっても、入試本番の日は緊張などから、受験生は意識していなくても心身ともに疲れがあるはず。それが連日となるとなおさらです。試験期間中は、こうした受験生の疲れを取り除くことに気を配る必要があります。

試験を終えた日の勉強についても、翌日以降の入試のことを考慮し、疲れすぎないように軽めの勉強を心がけるとよいでしょう。

たとえば、重要事項をざっと見直してみたり、まちがえやすい分野の確認をもう一度してみたりといったことです。あくまでも翌日に備え、気持ちを落ちつかせるための勉強と考えてください。国語の読解問題を解くなど、時間もかかるうえに頭も使う内容のものは避けた方がよいでしょう。

終了した試験の復習についても、あまり力を入れすぎないようにしましょう。入試問題を持ち帰ることができた場合は、ざっと目をとおして書けなかった漢字の問題を確認したり、知識問題で解答できない事項があったときはそこをテキストで確かめるといった程度でじゅうぶんです。もし試験がうまくいかなかったとしても、すんだことを悔やむのではなく、前向きにつぎの試験に向けて心の準備をしていくようにしましょう。

Q 勉強以外のことでしておくべきことは？
A 正しい姿勢でいれば疲れも軽減します

試験当日のことで、見逃しがちなことのひとつに机に向かう「姿勢」があげられます。

なにしろ始まってしまえば、子どもにとっては非常に長い時間、固いイスに座り試験問題と格闘しなければなりません。姿勢のちがいは、2科目、3科目と試験が進むうちに、「疲れ」のちがいとなって現れます。

森上教育研究所の森上展安所長は「イスに浅く腰かけ、胸を張ってあごを引き、背筋を伸ばして頭を安定させ、左右に傾かないようにする」姿勢を推奨しています。入試直前のこの時期からでも間に合いますので、いつもよい姿勢でいられるように、受験生本人にも気をつけさせましょう。食事の際にも観察して、前屈みにならないようクセをつけましょう。「かならず結果に結びつくから」と励ますように言うといいですね。

Q 受験票を忘れてしまったら？
A 慌てないですぐに先生に申しでること

入試へ持参する持ち物でいちばん重要なのは「受験票」です。受験票を忘れるという事例はほとんどないのかもしれませんが、複数の学校を受験する中学受験においては、ついうっかりほかの学校の受験票を持ってきてしまった、という場合も考えられます。

もし忘れてしまったときは、慌てずに試験会場で係の先生にそのことを申しでましょう。ほとんどの場合、事前に申しでればそのまま受験が認められます。また、受験票を忘れたことが合否に影響することはありません。焦って取りに戻ることは受験生を動揺させてしまうことにもなりますので避けましょう。

忘れ物をしないためには、左のページのような「持ち物チェックリスト」をつくっておくと便利です。
コピーを取って、各校ごとに持ち物を確認しましょう。

月　　　日(　)

中学校用　　　受験番号

項　　目	必要	チェック	備　　　考
受験票			他校のものとまちがえないこと
筆記用具			鉛筆・ＨＢを６～８本。鉛筆をまとめる輪ゴム。小さな鉛筆削りも。シャープペンシルは芯を確認して２本以上
消しゴム			良質のものを３個。筆箱とポケット、カバンにも
コンパス			指示があればそれに従う
三角定規			指示があればそれに従う
下じき			ほとんど不要。持っていくときは無地のもの
参考書・ノート類			空いた時間のチェック用。お守りがわりにも
当該校の学校案内			面接の待ち時間に目をとおしておくとよい
メモ帳			小さなもの。白紙２～３枚でも可
うで時計			電池を確認。アラームは鳴らないようにしておく
弁　当			食べ物の汁が流れないように。量も多すぎないように
飲み物			温かいお茶などがよい
大きな袋			コートなどを入れて足元に
ハンカチ			２枚は必要。雨・雪のときはタオル２枚も
ティッシュペーパー			ポケットとカバンのなか両方に
替えソックス			雨・雪のときの必需品
カバン			紙袋は不可。使い慣れたものを。雨のとき、カバンがすっぽり入るビニール袋も便利
お　金			交通費等。つき添いだけでなく本人も
スイカ・パスモ			バスや電車の乗りかえに便利
電話番号 （なんらかの 事態発生時のため）			受験校（　　　　　　　　　　） 塾（　　　　　　　　　　） 家族携帯（　　　　　　　　　　）
上ばき			スリッパは不可。はき慣れたものを
雨　具			雨天の場合、傘をすっぽり入れられるビニール袋も
お守り			必要なら
のどあめ			必要なら
携帯電話（保護者）			緊急連絡用。ただし試験場には持ちこまない
願書のコピー （保護者）			面接前にチェック。願書に書いたことを聞かれることが多い
ビニール袋			下足を入れたりするのに便利
カイロ			使わなくとも持っていれば安心
マスク			風邪の予防には、やっぱりこれ

＊必要受験校数をコピーしてご利用ください。

東京家政大学附属女子
中学校・高等学校
かせい で 見つける、
みらい の わたし
Plans
25 ans
vingt-cinq

合格カレンダーをつくろう

中学受験では、いくつかの学校の入試を、約１週間の間に集中して受験することになります。入試日と他校の合格発表が重なることも当たり前の現象です。そこで、これらの日程を整理し、理解しておくのに便利なのが「合格カレンダー」です。つぎのページに見本をしめしておきましたので、家族で話しあいながら作成してみましょう。

中学受験では、志望校を何回か受ける場合もありますし、併願校を含めると5回、6回受験を繰り返すことになります。各学校それぞれの出願、入学試験、合格発表、入学手続きが、かぎられた期間、約１週間の間につぎつぎと消化されます。入試日と別の学校の合格発表が重なることは当たり前の現象でもあります。

これを整理し、理解しておかないと思わぬアクシデントにつながります。

とくに、合格発表日と他校の入学手続き締め切り日が重なる場合は、それこそ30分、１時間のうちに結論をだして行動に移らなければなりません。

手続き締め切りそのものを延長する学校なども増えてきていますが、全部の学校がそういうわけではありませんので、だれがどう行動するかなど、家族間で細かく打ち合わせしておくことが必要です。

ある学校の合格発表を見て、他校に出願する予定であったのに、その合格発表を見に行く人がいないことに、当日気づいて大あわてした、というようなケースが起こりえます。

このようなまちがいを防ぐのに役立つのがスケジュールを管理する「合格カレンダー」です。

つぎのページに「合格カレンダー」の見本があります。左のページを拡大コピーして、右ページの見本のように書きこんでいきます。横軸が時間軸、縦軸が学校別になっています。

表計算ソフトの使用が得意なかたは、表計算ソフトを利用してつくってもいいでしょう。カレンダー作成のソフトというものもあります。

「合格カレンダー」を作成しておけば、どこの学校のなんの日程が、なにと重複しているかが、一目瞭然となり手続きのミスを防ぐことができます。また、家族で手分けする必要がある日程を洗い出すことにもなります。

カレンダーには、以下のようなことを書き込みます。これら以外にも備忘録として、気になることはそのつど書きこみます。このカレンダーは、ご家族全員が一目でわかるよう、居間などに貼り、みんなで情報を共有することが大切です。

合格カレンダーに書きこむべきおもなことがら

「出願」は持参か郵送か、持参はだれがいつ行くか、郵送はいつ投函するか。

「複数回同時出願」の場合の受験料、返金の有無と申し出期間。

「入試当日」の集合時刻と終了予定時刻、とくに持参するものがあればそれも。

「面接」の有無、その集合時刻。

「合格発表」の日と時刻、インターネット発表の時刻。

「入学手続き」の締切日と時刻、入学金の額と納入方法。

「延納」の有無。

「返納金」入学手続き後の返金制度の有無、その申し出期限。

「登校日」入学手続き後に登校日が設定してある場合、その日登校しないと、入学辞退とみなされる学校があるので要注意。

そしてそれぞれの日にお父さま、お母さまがどこに行くのかも、前もって話しあって書きこんでおきましょう。

各校の要項をよく見て書きこもう！（実際には左ページを拡大して書きこみます）

記入例　2013年合格カレンダー（受験予定表）

志望校名	A中１次	B中	C中２回	D中２回	C中３回
学校最寄駅 学校電話番号	千埼駅 04＊＊－＊＊＊＊	合格駅 9876－＊＊＊＊	希望駅 5555－＊＊＊＊	未来駅 1212－＊＊＊＊	希望駅 5555－＊＊＊＊
出願期間	12月26日　時から １月６日　時まで	１月20日９時から １月25日15時まで	１月20日９時から １月29日16時まで	１月20日　時から １月25日　時まで	１月20日９時から ２月３日14時まで
出願日	12月25日郵送出願	１月20日出願日 担当：父	１月20日出願日 担当：母	１月21日郵送出願	
１月10日（木）	試験日 集合：８時20分 解散：12時45分				
１月11日（金）	合格発表日 12時掲示 ネット発表も有				
２月１日（金）		試験日 集合：８時30分 解散：14時30分			
２月２日（土）			試験日 集合：８時20分 解散：12時25分		
２月３日（日）		合格発表日 15時掲示	合格発表日 ９時ネット	試験日 集合：８時30分 解散：12時30分	※C中２回不合格の場合出願（14時まで）
２月４日（月）		入学手続日 ９時～12時 47万円振込み	入学手続12時まで ※B中の結果次第で入学手続をする	合格発表日 ９時掲示 入学手続16時まで	試験日 集合：８時20分 解散：12時25分
２月５日（火）					合格発表日 ９時ネット 入学手続16時まで
２月６日（水）					
２月７日（木）					
２月８日（金）		入学説明会日 13時 本人同伴			
２月９日（土）					
各校のチェックポイント（備考欄）	※手続き期間内に延期手続きを行えば、予約金なしで延期手続き可能 ※願書写真は５×４ ※出願は郵送のみ	※試験日は弁当持参 ※願書写真は４×３を２枚 ※願書に小学校公印が必要	※出願はなるべく持参 ※手続納入金は現金50万円（辞退すれば24万円返還） ※願書写真は５×４	※出願は郵送のみ １月25日消印有効 ※願書写真は５×４または４×３ ※手続納入金は現金40万円（辞退後の返金有）	※手続納入金は現金50万円（辞退すれば24万円返還） ※願書写真は５×４

※カレンダーには、〈出願〉は持参か郵送か、〈複数回同時出願〉の場合の返金の有無と申出期限、〈試験当日〉の集合時刻と終了予定時刻、持参するもの、〈面接〉の有無・集合時刻、〈合格発表〉の時刻と方法、〈入学手続締切〉の時刻・納入方法と金額（延納の有無）、〈入学手続後〉に納入金の返金制度がある場合には入学辞退の申出期限、手続き後の登校日などを書きこんでください。

※実際にご活用いただく際には、左のページをB4サイズに拡大したうえで何枚か複写してご使用ください。

2013年 合格カレンダー（受験予定表）

志望校名					
学校最寄駅 学校電話番号					
出願期間	月　日　時から 月　日　時まで	月　日　時から 月　日　時まで	月　日　時から 月　日　時まで	月　日　時から 月　日　時まで	月　日　時から 月　日　時まで
出願日					
1月　日（　）					
1月　日（　）					
2月1日（金）					
2月2日（土）					
2月3日（日）					
2月4日（月）					
2月5日（火）					
2月6日（水）					
2月7日（木）					
2月8日（金）					
2月9日（土）					
各校のチェックポイント（備考欄）					

※カレンダーには、〈出願〉は持参か郵送か、〈複数回同時出願〉の場合の返金の有無と申出期限、〈試験当日〉の集合時刻と終了予定時刻、持参するもの、〈面接〉の有無・集合時刻、〈合格発表〉の時刻と方法、〈入学手続締切〉の時刻・納入方法と金額（延納の有無）、〈入学手続後〉に納入金の返金制度がある場合には入学辞退の申出期限、手続き後の登校日などを書きこんでください。

※実際にご活用いただく際には、このページをB4サイズに拡大したうえで何枚か複写してご使用ください。

ー中学受験のお子様を持つ親のためにー

わが子が伸びる親の『技《スキル》』研究会のご案内

主催：森上教育研究所　　協力：「合格アプローチ」他

ご両親がちょっとした技（スキル）を修得することで、お子様がその教科を好きになり、学習意欲がわいたり、思考のセンスを身につけたりできることがあります。ご両親がこうした技を身につけてお子様と楽しみながら学ぶことで、合格に近づく知的な子育ての醍醐味を味わってみませんか。この講演会は、塾で行う講演会ではありません。むしろどんな塾に通っていても役立つ、ご家庭でできて、しかもお子様が伸びる教育技術を広く公開する企画です。

（ホームページアドレス）http://oya-skill.com/

平成24年度後期講座予定　☆無料公開WEB算数相談会ＨＰ公開中!!

第8回　11／13（火）　社会

早川　明夫（文教大、『ジュニアエラ』監修、学研『応用自在』等執筆）

テーマ 社会時事問題対策【小４～小６対象】

内容 入試においては例年８割以上の学校で時事問題が出題されています。ところが、時事問題は教科書や塾のテキストにはふつうのっていません。そこでどうしても時事問題に対する対策が必要です。本講演においては、時事問題の学習法とあわせて今年の国内外の重要な出来事を解説し、来年度入試の予想（時事問題関係を中心に）をお話したいと思います。

申込〆切11/9（金）

第9回　11／22（木）　理科

小川　眞士（小川理科研究所主宰、予習シリーズなどを執筆）

テーマ 理科の時事問題に関して【小４～小６対象】

内容 自然現象や災害・環境問題等に関する関心が高まっている現在、理科の時事問題の出題は近年確実に増加しています。特に本年は金環日食をはじめ天体関係の話題が多い年です。研究会では、理科の時事問題に関しておうちの方がお子さまと確認する上でのポイントを具体的におさえます。入試により直結する内容をお話しいたします。

申込〆切11/20（火）

第10回　11／29（火）　麻布

金　廣志（悠遊塾主宰）

テーマ 麻布入試攻略法【小６対象】

内容 麻布入試に絞った究極の攻略法。受験生の答案例などを参考にして4科の解法を指導します。麻布必勝をねらう受験生と父母にとっては必見の講座です。

申込〆切11/27（火）

第11回　12／4（火）　社会

早川　明夫（文教大、『ジュニアエラ』監修、学研『応用自在』等執筆）

テーマ 社会　来年度入試をうらなう【小４～小６対象】

内容 受来年度の入試において、出題される可能性が高い予想問題を地理、歴史、公民、時事問題の４分野用意し、解答・解説を行う。最も追い込みがきく教科、それが社会科です。算数の1点も社会の1点も同じです。

申込〆切11/30（金）

第12回　12／12（水）　英語

木村　千穂（英語絵本ブッククラブ主宰）

テーマ 多読につなげる英語絵本の始め方―【幼児～小６対象】

内容 東大入試攻略にも、多読が効くことが理解され始めました。多読、とは、やさしい絵本からスタートし、徐々に語彙レベルを上げながら多くの英文を読むことによって、総合的な英語力を身につけていくという最近注目の英語学習法です。季節の英語絵本を紹介しながら、ご家庭で幼児から、お母様が始められる効果的な多読へのアプローチをご提案いたします。

申込〆切12/10（月）

第13回　12／17（月）　国語

早川　尚子（HP国語の寺子屋主宰）

テーマ 中学受験　子どもたちにどのように国語を学ばせればよいのでしょうか【全学年対象】

内容 多くのご家庭で、中学受験の国語の勉強法について悩まれています。読書をさせればよいのか、読解問題をたくさんやらせればよいのか、何を、いつ、どのように学ばせればよいのか、私の長年の経験をお伝えいたします。『お母さんが教える国語で』で提示した「印つけとメモ書き」の読解法の具体的なやり方も説明させていただきます。

申込〆切12/14（金）

◇**時間**：各回とも午前10：00～12：00

◇**会場**：第８回、第９回講座は、私学会館（JR・地下鉄市ヶ谷駅下車徒歩３分）、それ以外は森上教育研究所セミナールーム（JR・地下鉄市ヶ谷駅下車徒歩７分）

◇**料金**：各回3,000円（税込）※一度申込をされた場合はご返金できません。

◇**お申込み方法**：スキル研究会HP（http://oya-skill.com/）よりお申込み下さい。メールあるいはFAXの場合は、①保護者氏名　②お子様の学年　③郵便番号　④ご住所　⑤お電話／FAX番号／メールアドレス　⑥参加希望回　⑦WEB会員に登録済みか否かを明記の上お申込み下さい。折り返し予約確認書をメールかFAXでお送りいたします。尚、２～３日してもご連絡がない場合はお手数ですが電話03-3264-1271までお問合せ下さい。申込〆切日16時までにお申込み下さい。

また、**お電話での申込みはご遠慮下さい。尚、本研究会は塾の関係者の方のご参加をお断りしております。**

お電話での申込みはご遠慮下さい

お問い合わせ　：森上教育研究所　メール：ent@morigami.co.jp　FAX:03-3264-1275

中学受験
知っ得データ

表の見方（表については10月15日までの調査による。問い合わせは各校入試担当まで）

表はおもな私立中学・国立中学を対象に行ったアンケートによる。対象は一般入試。原則として10月15日までに回答のあった学校を掲載。一部回答表現を略したところもある。無回答の項目は省略／学校名後の◎は共学校●は男子校○は女子校□は別学校／質問項目①入学試験当日の遅刻について認めるか（認める場合試験開始何分までか）②保健室受験の準備はあるか③面接はあるか・あればその比重④合否判定での基準点はあるか・あればどの程度か⑤繰り上げ（補欠）合格はあるか・あればその方法は⑥入学手続きの延納・返還制度は⑦来年度（'13年度）入試からの入試変更点

ア

青山学院◎
①20分まで　②原則認めない（状況により対応）　③なし　④なし　⑤未定・電話

浅野●
①10分まで　②ある　③なし　④なし　⑤予定・電話　⑥手続き後4日以内に入学辞退届を提出した場合維持費返還　⑦定規・分度器・コンパス持参不可へ

麻布●
①認めない　②ある　③なし　④なし　⑤未定　⑥なし

足立学園●
①認める　②ある　③なし　④なし　⑤予定・掲示とインターネット　⑥施設費100,000円2/12まで延納可　⑦なし

跡見学園○
①原則認めない　②ある　③なし　④なし　⑤予定・電話

郁文館◎
①30分まで　②ある　③なし　④なし　⑤なし　⑥なし　⑦第2回特奨入試（2/2）追加　グローバル力試験日程変更2/7→2/5

市川◎
①認める（状況により対応）　②ある　③なし　④なし　⑤なし　⑥入学金の一部150,000円納入により延納可　⑦国語・算数試験時間変更40分→50分

上野学園◎
①認める　②ある　③実施・ある程度考慮　④5割程度　⑤なし　⑥なし

浦和明の星女子○
①個別に対応　②ある　③なし　④なし　⑤予定・電話　⑥第1回入試延納制度あり

浦和実業学園◎
①認める（試験時間延長なし）　②ある　③なし　④なし　⑤予定・電話　⑥辞退の場合入学金以外返還　⑦4科総合点で合否判定の場合国・算の総合点が一定基準を超えれば合格へ（第2回・第3回・第4回のみ）

栄光学園●
①原則認めない　②ある　③なし　④なし　⑤未定　⑥期限までに辞退を申し出た場合一部返還可

穎明館◎
①認める　②ある　③なし　④なし　⑤なし

江戸川学園取手◎
①10分まで　②ある　③なし　④なし　⑤なし　⑥延納制度あり　⑦第3回特色入試→一般入試へ　第1回合格発表日変更1/19→1/18

江戸川女子○
①認める（試験時間延長なし）　②ある　③なし　④なし　⑤予定・電話　⑥東京都公立中高一貫校受検者のみ延納可　⑦なし

桜蔭○
①20分まで　②ある　③実施・参考程度　④なし　⑤予定・掲示

桜美林◎
①20分まで　②ある　③なし　④なし　⑤予定・電話　⑥なし　⑦募集定員2/3午前30名→20名　2/2午後30名→40名

鷗友学園女子○
①30分まで　②ある　③なし　④平均点の半分程度　⑤なし　⑥3/1までに辞退の場合入学金返還　⑦なし

大妻○
①9:00まで（試験時間延長なし）　②ある　③なし　④なし　⑤予定・電話　⑥なし　⑦なし

大妻多摩○
①15分まで　②ある　③なし　④なし　⑤なし　⑥複数回出願の場合、合格・入学手続き後の回の検定料は返還　⑦2/1午後入試実施（国・算2科）

大妻中野○
①原則認めない（公共交通機関の遅れなどの場合は例外）　②ある　③なし　④なし　⑤予定・電話　⑥複数回出願の場合、合格・入学手続き後の回の検定料は返還　国公立受験者は延納手続きにより入学金を2/9まで延納可　⑦なし

大妻嵐山○
①20分まで　②ある　③なし　④なし　⑤なし　⑥なし　⑦第2回アドバンス選抜入試2/5に設定

大宮開成◎
①20分まで　②ある　③なし　④なし　⑤予定・電話　⑥辞退の場合施設費返還　⑦英数特科クラス定員30名増、それに伴い各入試定員変更　1/10英語特科クラス入試・特別進学クラス入試実施　特待合格枠拡大　繰り上げ合格対象者「2回以上の受験者」へ

小野学園女子○
①30分まで　②ある　③なし　④なし　⑤未定　⑥なし　⑦第3回特待生入試2/4午前→2/3午後

カ

海城●
①認める　②ある　③なし　④ある・基準点非公表　⑤予定・電話　⑥なし　⑦なし

開成●
②ある　③なし　⑥期限内に入学を辞退した場合施設拡充資金（120,000円）返還　⑦未定

開智◎
①原則20分まで　②ある　③なし　④予定・なし　⑤電話　⑥3/31までに辞退の場合返還可　⑦募集定員変更第1回150名→130名　先端A 20名→30名　第2回40名→30名　先端B（先端）10名→30名

開智未来◎
①20分まで　②ある　③なし　④なし　⑤未定　⑥納入金返還可（3/31まで）

海陽●
①認める　②ある　③実施・参考程度　④なし　⑤予定・電話　⑦大阪会場1回→2回に増

かえつ有明◎
①10分まで　②ある　③なし　④なし　⑤予定・電話　⑥入学諸費等23,000円返還可　⑦難関大学進学コース・総合進学コースが男女別クラスとなり男女別募集へ変更

学習院●
①15分まで　②なし　③なし　④なし　⑤2/3入試のみ予定・電

④B・C入試のみ基準点あり　⑤予定・電話　⑥なし　⑦C入試新設　募集定員A入試100各→110各　B入試60各→40各　B入試2/4→2/3

慶應義塾湘南藤沢中等部◎
①状況により対応　②状況により対応　③実施・非公表　④非公表　⑤予定・電報　⑥期日までに辞退を申し出た場合入学金以外返還

慶應義塾中等部◎
①認める（個別に対応）　②ある　③実施・かなり重視　④なし　⑤予定・電話　⑥2月末までに辞退の場合入学金以外の学費返還　慶應義塾普通部・慶應義塾湘南藤沢中等部に入学手続きをした場合学費等振替制度あり

慶應義塾普通部●
①認める　②ある　③実施・かなり重視　④なし　⑤未定・掲示により候補者を発表後合格の場合電話　⑦合格発表2/2→2/3

京華●
①10分まで　②ある　③なし　④なし　⑤未定　⑥都内公立中高一貫校受検者は2/10まで延納可　⑦1/6帰国生特別入試新設

京華女子○
①認める（状況により対応）　②ある　③実施・重視する　④なし　⑤なし　⑥都内公立中高一貫校受検者は2/10まで延納可、2/13までに辞退を申し出た場合入学金以外返還　⑦全回で特待・一般の試験を導入

恵泉女学園○
①10分まで　②ある　③実施・参考程度　④なし　⑤予定・電話　⑥なし　⑦郵送出願可へ

啓明学園◎
①20分まで　②ある　③なし　④ある　⑤未定

京北●
①20分まで　②ある　③なし　④なし　⑤なし　⑥公立中高一貫校受検者は延納可　⑦理・社配点60点→50点　2科入試廃止

光塩女子学院○
①5分まで　②ある　③実施・参考程度　④なし　⑤予定・電話

晃華学園○
①20分まで　②ある　③なし　④なし　⑤予定・電話　⑥なし　⑦募集定員変更第1回60名　第2回40名　第3回20名へ

工学院大学附属◎
①30分まで　②ある　③なし　④なし　⑤予定・電話　⑥2月末までに辞退の場合設置費60,000円返還　⑦2/1午前特待合格者6名→10名

攻玉社●
①30分まで　②ある　③なし　④なし　⑤なし・行う場合電話　⑦募集定員変更第1回80名→100名　第2回90名→70名

麹町学園女子○
①認める　②ある　③なし　④国・算のみある　⑤予定・掲示とインターネット　⑥辞退届締切2/9　15:00まで

佼成学園●
①20分まで　②ある　③なし　④なし　⑤なし

佼成学園女子○
①25分まで　②ある　③実施・まったく合否には関係しない　④なし　⑤未定　⑥入学金分納可　辞退の場合施設設備資金60,000円返還　⑦なし

国府台女子学院○
①8:50までに来校の場合認める　②ある　③なし　④なし　⑤未定　⑥第1回のみ1/24までに入学金のうち150,000円納入により残金236,500円を2/4まで延納可　⑦なし

香蘭女学校○
①25分まで　②ある　③実施・参考程度　④なし　⑤予定・掲示とインターネット　⑥なし　⑦なし

國學院大學久我山□
①25分まで（ＳＴ入試は遅刻者用Ｂ時程あり）　②ある　③なし　④なし　⑤未定

国際学院◎
①15分まで　②ある　③なし　④なし　⑤予定・電話　⑥なし

国士舘◎
①10分まで　②ある　③実施・ある程度考慮　④なし　⑤なし　⑥2/10までに辞退の場合施設費返還　⑦募集定員2/1午前40名→50名・2/1午後20名→10名　試験科目2/1午前・2/2→4科目中2科目へ、2/1午後・2/5→4科目中1科目へ　試験日程変更2/4→2/5

駒込◎
①25分まで　②ある　③なし　④なし　⑤予定・電話　⑥2/9正午まで延納可（公立中高一貫校受検者は公立発表の翌日正午まで）　⑦公立中高併願型入試（特待S入試）2/2に新設

駒沢学園女子○
①20分まで（状況により対応）　②ある　③なし　④なし　⑤なし　⑦日程変更（A日程午前・午後　B日程午前・午後　C日程

話　⑥複数回出願の場合、合格・入学手続き後の回の受験料を返還　⑦帰国生入試面接方法変更あり

学習院女子○
①50分まで　②ある（インフルエンザの場合受験不可）　③実施・参考程度　④なし　⑤B入試のみ予定・電話　⑥なし　⑦なし

春日部共栄◎
①認める　②ある　③なし　④なし　⑤なし　⑥なし　⑦なし

片山学園◎
①20分まで　②ある　③前期・後期入試は実施・ある程度考慮　④なし　⑤予定・掲示とインターネット　⑥なし　⑦首都圏入試新設　国内入試大阪のみへ　4科→国算理3科へ

神奈川学園○
①20分まで　②ある　③なし　④なし　⑤未定　⑥2/9正午までに辞退の場合入学金・施設費全額返還　⑦なし

神奈川大学附属◎
①20分まで　②ある　③なし　④算数のみ40点　⑤予定・電話　⑥なし　⑦なし

鎌倉学園●
①20分まで　②ある　③なし　④なし　⑤予定・電話　⑥2/11 13:00までに辞退の場合入学金半額、入学前日までに辞退の場合施設費返還　⑦なし

鎌倉女学院○
①20分まで　②ある　③なし　④なし　⑤未定・電話　⑥返還制度あり（2/8正午までに辞退）　⑦2次日程変更2/4→2/3

鎌倉女子大学○
①認める（要事前連絡）　②ある（要事前連絡）　③なし　④なし　⑤なし

カリタス女子○
①認める　②ある　③なし　④なし　⑤欠員がでた場合実施・電話　⑥3/31までに辞退届提出の場合施設拡充費150,000円返還　⑦帰国生入試日程と志願者条件変更あり

川村○
①20分位まで　②ある　③実施・参考程度　④なし　⑤未定・電話　⑥なし　⑦試験日・入学手続き等日程変更あり

神田女学園○
①認める　②ある　③なし　④ある　⑤未定　⑥なし　⑦総合進学クラス入試でも特待Ⅲ選抜実施　2/5試験科目2科・4科選択へ

関東学院◎
①認める（試験時間延長なし）　②ある　③なし　④なし　⑤予定・電話　⑥分納制度あり　⑦理科・社会試験時間合計60分→各30分

関東学院六浦◎
①1時間目終了まで　②ある　③なし　④なし　⑤未定　⑥2/8正午までに辞退の場合特別施設費200,000円返還　⑦D日程　午後（2科）→午前（2科・4科選択）

北鎌倉女子学園○
①20分まで　②ある　③実施・参考程度　④なし　⑤なし　⑥2/8正午までに辞退の場合施設設備費返還　⑦なし

北豊島○
①15分まで　②ある　③実施・ある程度考慮　④ある　⑤なし　⑦募集定員変更第1回50名→40名　第5回10名→20名

吉祥女子○
①15分まで　②ある　③なし　④なし　⑤未定・電話　⑥複数回出願の場合、合格・入学手続き後の回の検定料は返還　⑦なし

共栄学園◎
①20分まで　②ある　③実施・参考程度　④なし　⑤なし　⑦第4回2/3へ、受験料20,000円で複数回受験可へ、全回試験開始30分前まで出願受付、2/6　15:00までに手続きが難しい場合当日中であれば臨機応変に対応

暁星●
①15分まで　②ある　③なし　④なし　⑤予定・電話

暁星国際◎
①15分まで　②ある（ヨハネ研究の森コース：以下ヨハネコースはなし）　③ヨハネコースは実施・かなり重視　④なし　⑤予定・その他（ヨハネコースはなし）　⑥なし（ヨハネコースはあり）　⑦なし

共立女子○
①15分まで　②ある　③なし　④なし　⑤予定・電話　⑥なし　⑦なし

共立女子第二○
①30分まで　②ある　③なし　④なし　⑤未定　⑦入学金変更300,000円→250,000円　午後入試開始時間15:00か16:00当日選択可へ

国本女子○
①15分まで　②ある　③なし　④20点程度　⑤なし　⑥なし　⑦なし

公文国際学園◎
①試験時間50・60分の試験の場合15分まで　②ある　③なし

淑徳◎
①20分まで　②ある　③なし　④なし　⑤なし　⑥2/28　16:00までに辞退の場合は入学手続金全額返還　⑦スーパー特進東大選抜の特待制度変更あり

淑徳ＳＣ○
①15分まで　②ある　③実施・ある程度考慮　④なし　⑤未定　⑦午後入試廃止へ

淑徳巣鴨◎
①認める　②ある　③フロンティア入試のみ実施・ある程度考慮　④なし　⑤未定　⑥2/1、2午後特進コース入試に特待合格した場合、手続期間内に延納手続をすれば2/9まで延納可

淑徳与野○
①１時限目の試験終了時間まで　②ある　③なし　④なし　⑤予定・電話　⑥3/30までに辞退の場合入学金以外返還　⑦試験時間変更理・社各30分→理・社合わせて50分

順天◎
①試験時間内まで認める　②ある　③なし　④なし　⑤未定　⑥手続日に入学金納入により残額延納可（2/10正午まで）　⑦2/3第３回Ｂ入試（特別入試）実施　算・理または算・英の入試実施へ

頌栄女子学院○
①原則認めない（交通機関の遅れ等は考慮）　②なし　③実施・参考程度　④なし　⑤なし　⑥なし　⑦なし

城西川越●
①15分まで　②ある　③なし　④なし　⑤予定・電話　⑥複数回出願の場合、合格･入学手続き後の回の検定料は返還　⑦入試回数･募集定員変更あり　第３回ＳＡ入試実施

城西大学附属城西◎
①20分まで　②ある　③なし　④なし　⑤予定・電報　⑦ＧＡコース新設

常総学院◎
①認める　②原則認めないが状況により対応　③実施・ある程度考慮　④なし　⑤なし　⑥第１回・第２回一般入試延納可（2/8 16:00まで）　⑦なし

聖徳学園◎
①午後の難関大ＣＣは60分まで認める　②ある　③総合入試で実施・かなり重視　④なし　⑤予定・電話　⑥なし　⑦総合Ⅱ類で適性診断型試験実施

湘南学園◎
①認める　②ある　③なし　④なし　⑤未定　⑥施設費返還可　⑦募集定員Ａ日程30名→40名　Ｃ日程40名→30名　Ａ日程当日出願時間・集合時間・試験時間変更

湘南白百合学園○
①20分まで　②ある　③実施・参考程度　④なし　⑤予定・電話

昌平◎
①20分まで　②本校会場のみある　③なし　④なし　⑤なし　⑥兄・姉が昌平中高に在籍中の場合・同時に兄弟姉妹が昌平中高入学の場合入学金返還制度あり　昌平高卒業生の子女または弟・妹が入学の場合入学金半額へ　⑦1/16ＳＳ入試〔昌平スカラシップ入試〕追加　一般入試第４回日程1/19へ

城北●
①30分まで　②ある　③なし　④なし　⑤予定・電話

城北埼玉●
①認める　②ある　③なし　④なし　⑤未定・電話　⑦特待生第１回入試成績上位10%程度・第２回上位５名程度へ変更

昭和学院◎
①20分まで　②ある　③実施・かなり重視　④なし　⑤未定　⑥第２回･第３回入学金の一部（20,000円）納入により残金（280,000円）2/14まで延納可　⑦第１回２科→２科・４科　第２回・第３回２科・４科→４科　第１回２科試験時間各40分→各50分（社・理は各30分）

昭和学院秀英◎
①20分まで　②ある　③なし　④なし　⑤なし　⑥第２回一般入試のみ入学金の一部50,000円納入により延納可　返還制度なし　⑦なし

昭和女子大学附属昭和○
①25分まで　②ある　③なし　④なし　⑤予定・電話　⑥分納を実施している　⑦願書受付1/21より

女子学院○
①５分まで　②ある　③実施・基準点は非公表　④ある・非公表　⑤予定・電話　⑥なし　⑦なし

女子聖学院○
①20分まで　②ある　③なし　④なし　⑤予定・電話　⑥なし　⑦午後入試導入により入試回数１回増

女子美術大学付属○
①認める　②ある（状況により対応）　③実施・参考程度　④なし　⑤予定・掲示とインターネット　⑦なし

カ

午前　Ｄ日程の６回）　受験科目２科・４科選択へ

駒場東邦●
①認める　②ある　③なし　④なし　⑤欠員が出た場合予定・電話　⑥なし　⑦なし

サ

埼玉栄◎
①10分まで　②ある　③なし　④なし　⑤なし　⑥なし　⑦1/10・1/11午後「難関大クラス（特待）入試」へ変更、特待数２倍へ　進学クラス入試で難関大クラスへのアップスライド合格を実施

埼玉平成◎
①20分まで　②ある　③なし　④なし　⑤予定・電話　⑥延納手続により２月上旬まで延納可　⑦各回にて専願入試実施

栄東◎
①認める　②ある　③なし　④なし　⑤なし　⑥2/8まで延納可（出願時願書に併願校を記入）　⑦難関大クラスＣ中止　東大クラスⅢ新設　募集定員難関大クラス160名→120名・東大クラス80名→120名　難関大クラスＡ・Ｂ社会・理科試験時間あわせて計60分へ　１月の入試を受験した場合東大クラスⅢの受験料は支払わない　試験会場に駿台予備学校大宮校新設

相模女子大学○
①20分まで　②ある　③なし　④５割程度　⑤なし　⑥公立中高一貫校受検者は公立校発表当日まで延納可　辞退の場合施設費200,000円返還　⑦特待再チャレンジ全ての回で実施へ

佐久長聖◎
①20分まで　②ある　③なし　④なし　⑤予定・電話　⑥なし　⑦日程変更あり

桜丘◎
①認める　②ある　③なし　④なし　⑤なし　⑦公立中高一貫校受検者は合格発表翌日まで延納可

狭山ヶ丘高等学校付属◎
①20分まで　②ある　③なし　④なし　⑤予定・電話　⑥なし

サレジオ学院●
①認めない　②ある　③なし　④なし　⑤未定　⑦出願受付期間1/21～1/23追加（2/1Ａ試験・2/4Ｂ試験）　出願受付時間2/3 16:00まで→17:00まで　入学手続受付時間2/3　16:00まで→17:00まで（2/1Ａ試験）

自修館◎
①50分まで　②ある　③なし　④なし　⑤未定・電話　⑥２次入学手続金は3/31　17:00までに辞退の場合返還　⑦特待生制度基準変更あり

実践学園◎
①30分まで　②ある　③なし　④なし　⑤なし　⑥第２志望は2/9まで延納可　⑦なし

実践女子学園○
①認める　②ある　③なし　④なし　⑤未定・電話　⑥入学金の一部（30,000円）返還可　⑦なし

品川女子学院○
①30分まで　②ある　③なし　④なし　⑤予定・電報と電話　⑥2/16　15:00までに辞退手続をした場合入学手続き金全額返還

芝●
①30分まで　②ある　③なし　④なし　⑤未定・掲示

芝浦工業大学●
①20分まで　②ある　③なし　④なし　⑤未定　⑥延納届提出により１カ月まで延納可　⑦なし

芝浦工業大学柏◎
①20分まで　②ある　③なし　④なし　⑤予定なし・行う場合電話　⑥延納手続金50,000円納入により2/4まで延納可（第３回は延納制度なし）　⑦第３回面接･作文→国算社理４科学力試験へ（第３回だけでも受験可）

渋谷教育学園渋谷◎
①原則認めない　②ある　③なし　④なし　⑤未定　⑥2/12 15:00までに辞退を申し出た場合施設拡充費70,000円返還　⑦なし

渋谷教育学園幕張◎
①認める　②ある　③なし　④なし　⑤予定なし・行う場合電話　⑥期限内に50,000円納入により残額2/3　18:00まで延納可　⑦なし

秀光◎
①10分まで　②ある　③なし　④５割程度　⑤未定　⑥３月末までに辞退の場合施設設備費返還　⑦入学検定料18,000円→14,000円　募集定員120名→60名　東京選抜1/14試験会場は慶應大と青山学院大の２会場

修徳◎
①認める　②ある　③実施・かなり重視　④ある　⑦入試日程・特待生等変更あり

十文字○
①30分まで　②ある　③なし　④なし　⑤未定・電話　⑥3/30までに辞退届提出により施設費全額返還

⑥施設設備資金返還　⑦2/3 B方式とA方式両方受験可へ

成立学園◎
①30分まで　②ある　③なし　④なし　⑤未定・電話　⑥3/31 16:00までに辞退の場合施設費返還　⑦なし

青稜◎
①15分まで（要連絡）　②ある　③なし　④なし　⑤なし　⑥延納手続により2/23まで延納可　⑦なし

聖和学院○
①15分まで　②ある　③なし　④1割程度　⑤なし　⑥3/15 15:00までに辞退の場合施設拡充費返還　⑦第3回入試日程2/4→2/3　受験料変更1回受験20,000円・複数回受験25,000円

世田谷学園●
①1時限目の試験時間内まで　②ある　③なし　④なし　⑤未定・電話　⑥なし

専修大学松戸◎
①20分まで（試験時間延長なし）　②ある　③なし　④なし　⑤予定・電話　⑥第1回・第2回手続期間中に手続金50,000円納入により残金310,000円を2/3 16:00まで延納可　⑦なし

洗足学園○
①20分まで（事前連絡あれば別室受験実施）　②ある　③なし　④なし　⑤予定・電話　⑥なし　⑦なし

捜真女学校○
①原則認めない（天候等が理由の際は応相談）　②ある　③実施・参考程度　④なし　⑤予定・電話　⑦A・Bの社理試験時間各30分・点数各50点へ

相洋◎
①15分まで　②ある　③実施・かなり重視　④35点程度　⑤なし　⑥なし　⑦なし

タ

高輪●
①20分まで　②ある　③なし　④なし　⑤未定　⑦A日程・帰国生入試第2回入学手続締切2/4までへ

橘学苑◎
①20分まで　②ある　③なし　④なし　⑤なし　⑥なし　⑦入試日程変更2/5→2/2

玉川学園◎
①認める（試験時間延長なし）　②ある　③実施・かなり重視　④なし　⑤なし　⑥期限までに辞退を申し出た場合入学金以外返還　⑦2/1午後入試新設　試験日変更2/4→2/3　一般クラス募集定員変更

玉川聖学院○
①20分まで　②ある　③実施・参考程度　④なし　⑤未定・電話　⑥なし　⑦試験回数増、計4回へ

多摩大学附属聖ヶ丘◎
①20分まで　②ある　③なし　④なし　⑤なし

多摩大学目黒◎
①50分まで　②ある　③なし　④なし　⑤なし　⑥なし

千葉日本大学第一◎
①20分まで　②ある　③なし　④なし　⑤なし　⑥第1期施設費100,000円2/4まで延納可　⑦なし

千葉明徳◎
①20分まで　②ある（状況により対応）　③実施・かなり重視（実施しない日程もあり）　④なし　⑤予定・電話　⑥延納可（出願時に申込み）　⑦検定料全回20,000円へ　一般入試①～④複数回同時出願20,000円で受付（再出願の場合はその都度検定料を支払う）

中央大学附属◎
①認める　②ある　③なし　④なし　⑤なし　⑥なし　⑦なし

中央大学横浜山手◎
①10分まで　②ある　③なし　④受験者平均点以下　⑤なし　⑥3/31までに手続の場合入学金以外返還　⑦2/3第3回午前→午後

千代田女学園○
①30分まで　②ある　③実施・参考程度　④なし　⑤なし　⑥なし　⑦なし

筑波大学附属◎
①状況により対応　②ある（要事前相談）　③なし　④なし　⑤予定・電話と郵送

筑波大学附属駒場●
①40分まで　②ある　③なし　④なし　⑤予定・速達郵便

土浦日本大学◎
①15分まで　②ある　③一般入試総合型のみ実施・ある程度考慮　④なし　⑤予定・電話　⑥第1回一般入試延納願提出により2/5まで延納可　⑦第2回一般入試2科目型廃止、総合型新設

鶴見大学附属◎
①10分まで　②ある　③なし　④なし　⑤予定・電話　⑥なし　⑦募集定員120名→130名

帝京◎
①20分まで　②ある　③なし　④なし　⑤なし　⑦午後入試導入

白梅学園清修○
①原則15分まで　②ある　③なし　④なし　⑤予定・電話　⑥都立中高一貫校受検者は手続締切2/10正午まで　⑦2/3入試追加・2/5入試なし　2/1午後・2/2午前2科・4科または英語1科へ

白百合学園○
①15分まで　②ある　③実施・参考程度　④なし　⑤未定・電話　⑦合格者発表ホームページでも実施へ

巣鴨●
①20分まで　②ある　③なし　④なし　⑤予定・電報　⑥なし　⑦校舎建て替えのため中学校が浮間校舎へ移転中

杉並学院◎
①20分まで　②ある　③実施・かなり重視　④なし　⑤なし　⑥辞退の場合設備資金50,000円返還

逗子開成●
①認める　②ある　③なし　④なし　⑤予定・電話　⑥2/12までに辞退した場合入学金返還　⑦なし

駿台学園◎
①認める（状況により対応）　②ある　③なし　④なし　⑤なし　⑥なし　⑦なし

聖学院●
①15分まで　②ある　③英語選抜のみ実施・ある程度考慮　④なし　⑤未定・未定　⑥2/5までに辞退届提出により入学金以外返還　⑦2/2第2回・第2回特待選抜にて思考力テスト実施　第2回2科・4科・思考力テストから選択　第2回特待選抜2科・3科（国・算・思考力テスト）・4科から選択

成蹊◎
①15分まで　②原則不可（状況により対応）　③なし　④なし　⑤予定・電話　⑥3/31 15:00までに辞退の場合入学金以外の入学手続時納付金を返還　⑦なし

聖光学院●
①認める（状況により対応）　②ある　③なし　④なし　⑤予定・電話　⑥なし　⑦なし

成城●
①認めない　②ある　③なし　④なし　⑤未定・電話　⑥なし　⑦郵送出願可へ　手続締切2/6へ

成城学園◎
①15分まで　②ある　③なし　④なし　⑤未定　⑥なし　⑦海外帰国生入試実施

聖心女子学院○
①20分まで　②ある（状況により対応）　③実施・参考程度　④なし　⑤予定・電話

聖セシリア女子○
①15分まで　②ある　③なし　④なし　⑤予定・電話　⑦募集定員一次45名→40名　三次25名→30名

清泉女学院○
①15分まで　②ある　③実施・まったく合否に関係しない　④なし　⑤予定・電話　⑥2/8 16:00までに辞退の場合施設費210,000円返還　⑦なし

聖徳大学附属女子○
①30分まで　②ある　③なし　④なし　⑤なし　⑥2/8まで延納可　⑦特待生選考入試受験生により希望クラス選択へ

聖ドミニコ学園○
①20分まで　②ある　③なし　④なし　⑤なし　⑥施設拡充費150,000円返還可　⑦入試科目2科→2科・4科選択

星美学園○
①30分まで　②ある　③実施・かなり重視　④なし　⑤なし　⑥なし　⑦日程変更2/2午後→2/3午前　すべての入試で4教科受検者はスカラシップ入試対象へ

西武学園文理◎
①20分まで　②ある　③なし　④なし　⑤なし　⑥なし　⑦第1回・第2回合格発表日変更　1/13・1/18出願後の試験種別変更受付へ　特待生人数150名→180名　集合8:30、試験終了12:50へ　出願時の成績通知票コピー不要へ

西武台千葉◎
①20分まで　②ある　③なし　④なし　⑤予定・電話　⑦募集定員120名→100名　全入試とも2科・4科選択へ　3回入試なし

西武台新座◎
①50分まで　②ある　③なし　④なし　⑤未定・電話　⑥未定　⑦入試回数5回→6回　特進選抜入試各3回ずつへ

聖望学園◎
①20分まで　②ある　③なし　④なし　⑤未定・電話　⑥入学手続き金30,000円納入により2/7まで延納可（希望者は願書に記入）都立中高一貫校併願の場合は2/12まで　2/18までに辞退の場合施設費等返還　⑦第1回～第5回に名称変更　日程1/20→1/21

聖ヨゼフ学園○
①20分まで　②ある　③実施・参考程度　④なし　⑤予定・電話

インターネット　⑥なし　⑦なし

東星学園◎
①20分まで　②ある　③実施・かなり重視（第2回適性型入試は実施しない）　④40点程度　⑤なし　⑥なし　⑦日程・科目等変更あり

桐朋●
①認めない　②ある　③なし　④なし　⑤なし　⑥2/7正午までに辞退の場合入学金の一部返還　⑦なし

桐朋女子○
①災害・交通事故等アクシデントによる場合のみ認める　②なし　③実施・B入試参考程度　A入試口頭試問かなり重視　④B入試なし・A入試3割程度　⑤予定・電話　⑥2/9　15:00までに辞退届提出により建築資金返還　⑦帰国生入試試験内容変更あり

東邦大学付属東邦◎
①認める　②ある　③なし　④なし　⑤未定・電話　⑥入学金のうち170,000円納入した場合残額延納可　返還制度なし　⑦なし

東洋英和女学院○
①認める　②ある　③実施・参考程度　④なし　⑤予定・電話　⑥なし　⑦B日程2/4へ、それに伴い2/2と2/3に窓口で出願受付

藤嶺学園藤沢●
①10分まで　②ある　③なし　④なし　⑤予定・電話　⑥2/11 15:00までに辞退の場合施設設備資金200,000円返金　⑦帰国生入試1/12→1/10

トキワ松学園○
①認める（状況により別室受験可）　②ある　③なし　④なし　⑤予定・電話　⑥施設設備費230,000円2/15まで延納可　3/30までに辞退の場合施設設備費返還　⑦A午後とB午後は特待入試　A午後特待生5名→10名　A午前定員40名→50名

土佐塾◎
①20分まで　②ある　③なし　④なし　⑤なし　⑦県外前期入試同日実施→大阪1/8　東京・岐阜・松山・岡山1/13

豊島岡女子学園○
①20分まで　②ある（要事前相談）　③なし　④なし　⑤繰り上げ候補発表を予定・掲示とインターネット　⑥指定期日までに辞退を申し出た場合施設設備費返還　⑦なし

獨協●
①認める（試験時間延長なし）　②ある　③なし　④なし　⑤予定・電話　⑥辞退の場合施設設備費返還　⑦なし

獨協埼玉◎
①15分まで　②ある　③なし　④なし　⑤未定・電話　⑥1回・2回入試手続金50,000円納入により2/5　16:00まで延納可　⑦第1回手続日1/13・1/14→1/13のみ

ナ

中村○
①認める（午後入試のみ60分まで）　②ある　③なし　④なし　⑤予定・電話　⑥返還可（期限までに辞退の場合）　⑦2/5入試廃止　募集定員2/1午前50名→60名　2/1午後・2/2午後10名→12名　午後入試4科→2科・4科選択

二松学舎大学附属柏◎
①20分まで　②ある　③なし　④なし　⑤予定・掲示とインターネット（予定）　⑥2/4まで延納可　⑦午後入試日程1月3回、2月1回実施へ　特選クラス・選抜クラスを設置　特待生選抜導入

新渡戸文化○
①25分まで　②ある　③実施・ある程度考慮　④なし　⑤なし　⑥公立中高一貫校受検者のみ延納願により公立校発表翌日16:00まで延納可（2/1以外）　⑦なし

日本学園●
①30分まで　②ある　③なし　④なし　⑤予定・電話　⑥なし　⑦これまでの2クラス制を一本化し「明大＆ＳＳコース」を募集。それにより試験名称変更あり。

日本工業大学駒場◎
①30分まで　②ある　③なし　④なし　⑤予定・電話　⑦出願締切当日30分前→第1回～特待1/30まで・第4回2/4まで　午後入試合格発表期間22時ごろ→23時ごろ　第2回～特待の入学手続2/4　16:00→2/6　16:00

日本女子大学附属○
①50分（1時間目国語終了）まで　②ある　③実施・参考程度　④なし　⑤予定・電話　⑥3月末までに辞退手続があれば返還　⑦配点変更国・算各50点→各60点　理・社各50点→各40点　面接開始時刻変更あり

日本大学◎
①20分まで　②ある　③なし　④なし　⑤未定

日本大学第一◎
①認めない　②ある　③なし　④なし　⑤なし　⑦名称変更第三回入試→特別選抜入試　受験科目国・算2科目へ

日本大学第三◎
①10分まで　②ある　③なし　④なし　⑤予定・電話　⑥なし　⑦なし

タ

帝京大学◎
①30分まで　②ある　③なし　④なし　⑤なし　⑥なし　⑦2/3午前→午後　2/3入試科目2科・4科選択→国・算

田園調布学園○
①認める　②ある　③実施・参考程度　④なし　⑤なし　⑥延納届提出により2/11正午まで延納可　⑦なし

戸板○
①30分まで　②ある　③なし　④なし　⑤予定　⑥なし　⑦なし

桐蔭学園□
①認める　②ある　③なし　④なし　⑤なし　⑥入学金以外の納入金は2回に分けて分納可　⑦算数試験時間60分→50分　帰国子女入試1/11のみへ

東海大学菅生高等学校◎
①認める（試験時間の延長なし）　②ある　③実施・ある程度考慮　④なし　⑤なし　⑥第1回入試のみ2/12まで延納可　2/12　9:00までに辞退の場合全額返還　⑦第1回B入試面接廃止

東海大学付属浦安高等学校◎
①20分まで　②ある　③なし　④なし　⑤なし　⑥A・B試験延納可　⑦なし

東海大学付属相模高等学校◎
①15分まで　②ある　③実施・かなり重視　④なし　⑤なし　⑥なし　⑦なし

東海大学付属高輪台高等学校◎
①認めない　②ある　③なし　④なし　⑤未定・電話　⑥なし　⑦なし

東京家政学院○
①15分まで　②ある　③なし　④なし　⑤未定　⑥なし　⑦なし

東京家政大学附属女子○
①25分まで　②ある　③なし　④なし　⑤予定・電話　⑦募集定員第1回躍進・創造コース計70名→躍進コース10名・創造コース60名　第2回躍進・創造コース計50名→躍進コース10名・創造コース40名

東京学館浦安◎
①20分まで　②ある　③Ⅴ期入試のみ実施・参考程度　④なし　⑤なし　⑥なし　⑦推薦B入試を実施

東京純心女子○
①10分まで　②ある　③なし　④なし　⑤予定・電話　⑥なし　⑦2/1午前適性検査型入試導入　授業料免除者5名→10名

東京女学館○
①20分まで　②ある　③なし　④なし　⑤予定・電話　⑥2/9 11:00までに辞退の場合施設費160,000円返還　⑦2/2午後一般入試実施

東京女子学院○
①15分まで　②ある　③実施・かなり重視　④受験者の平均より4科で30点、2科で20点低いと不合格　⑤予定・電話　⑥3/9 13:00までに辞退を申し出た場合施設設備費返還　⑦適性検査をA・B入試で実施（Bは2/6午後課題作文と国・算基礎学力問題）

東京女子学園○
①午前入試・公共交通機関等の遅れのみ認める　②ある　③なし　④20点程度　⑤なし　⑥入学金以外は3/25までに納入

東京成徳大学◎
①40分ぐらいまで　②ある　③なし　④なし　⑤予定・電話　⑥2/10正午までに辞退を申し出た場合施設費返還　⑦なし

東京成徳大学深谷◎
①10分まで　②ある（本校会場）　③なし　④なし　⑤未定　⑥なし　⑦なし

東京電機大学◎
①30分まで　②ある　③なし　④ある（基準点は非公表）　⑤未定・電話　⑥入学者の未受験分受験料返還制度あり　⑦なし

東京都市大学等々力◎
①20分まで　②なし　③なし　④なし　⑤なし

東京都市大学付属●
①15分まで　②ある　③なし　④なし　⑤予定・電話　⑥なし（入学金分納可）　⑦コース制導入（最難関国公立大コース・難関国公立私大コース）　募集定員変更第1回90名→120名　第2回70名→60名　第3回40名→30名　第4回40名→30名

東京農業大学第一高等学校◎
①認める　②ある　③なし　④なし　⑤予定・電話　⑥なし　⑦なし

東京農業大学第三高等学校附属◎
①試験終了まで　②ある　③なし　④なし　⑤予定・電話　⑥なし　⑦試験日程変更あり

東京立正◎
①状況により判断　②ある　③実施・かなり重視　④なし　⑤なし　⑥なし　⑦なし

桐光学園□
①20分まで　②ある　③なし　④なし　⑤なし・行う場合掲示と

文化学園大学杉並○
①30分まで　②ある　③なし　④なし　⑤予定・電話　⑥辞退の場合施設費返還　⑦2/3午後第5回復活　2/2午前第3回適性試験Ⅰ・Ⅱ型（A型）②新設

文華女子○
①20分まで　②ある　③実施・参考程度　④なし　⑤なし　⑥公立中高一貫校併願者のみ2/9まで延納可　⑦2/1午後適性検査のみへ

文京学院大学女子○
①事前連絡あれば状況により対応　②ある（状況により対応）　③なし　④なし　⑤未定　⑦特別入試①②新設

文教大学付属◎
①10分まで　②ある　③なし　④なし　⑤なし　⑥なし　⑦特待生制度導入

法政大学◎
①20分まで　②ある　③なし　④なし　⑤予定・掲示とインターネット

法政大学第二●
①20分まで　②ある　③なし　④なし　⑤未定　⑥なし　⑦募集定員第1回110名→105名　第2回80名→70名

宝仙学園共学部理数インター◎
①20分まで　②ある　③なし　④なし　⑤未定　⑦2/2午前公立一貫入試対応入試60分→90分・作文実施　2/3午後試験科目2科→2科・4科　第1・第2特待選抜入試配点算国100点理社合計100点→算国各100点理社各75点　第3回特待選抜入試日程2/5→2/4

星野学園◎
①認める　②ある　③なし　④なし　⑤未定　⑥2/4まで延納可　⑦一般入試→進学クラス入試　募集定員変更あり

本郷●
①20分まで　②ある　③なし　④なし　⑤予定・電話　⑥複数回出願の場合、合格・入学手続き後の回の検定料は返還　⑦なし

本庄東高等学校附属◎
①20分まで　②なし　③なし　④なし　⑤予定・電話　⑥2/6までに辞退の場合施設拡充費返還　⑦学校見学会・説明会等への参加により合否判定の際に優遇

マ

聖園女学院○
①20分まで　②ある　③実施・参考程度　④なし　⑤予定・電話　⑥なし　⑦2/1帰国生入試導入

緑ヶ丘女子○
①30分まで　②ある　③なし　④なし　⑤なし　⑥なし　⑦試験名称変更総合テスト→2科基礎テスト

三輪田学園○
①15分まで　②ある　③実施・参考程度　④なし　⑤予定・電話　⑥なし　⑦募集定員第1回85名→80名・第2回55名→60名

武蔵●
①状況により対応　②ある　③なし　④なし　⑤予定・電話　⑦なし

武蔵野女子学院○
①25分まで　②ある　③なし　④なし　⑤予定・インターネットと電話　⑥都立中高一貫校受検者は都立校発表日翌日まで延納可　⑦日程変更2/3午前→午後

武蔵野東◎
①20分まで　②ある　③実施・ある程度考慮　④ある　⑤予定・電話　⑥第1回午後のみ国立・都立受検者はその学校の発表日まで延納可（出願時に申請）施設維持費返還可　⑦第3回入試午後→午前

茗溪学園◎
①30分まで　②ある　③実施・参考程度　④ある・非公表　⑤予定・掲示　インターネット　電話　⑥第1回のみ2/4まで延納可　⑦推薦入試実施（募集100名・昨年度までの自己推薦を統合）　一般入試第2回（1/26）実施（総合学力試験と面接を行う）

日本大学第二◎
①20分まで　②ある　③実施・ある程度考慮　④なし　⑤予定・掲示とインターネット　⑥施設設備資金186,000円返還可　⑦1/20～1/24郵送出願のみ　1/28～窓口出願へ

日本大学豊山●
①20分まで　②ある　③なし　④なし　⑤なし　⑥なし

日本大学豊山女子○
①30分まで　②ある　③なし　④未定　⑤追加合格を発表　⑦入試日程変更あり2/1～2/4まで4日間実施

日本大学藤沢◎
①20分まで　②ある　③なし　④なし　⑤なし　⑥なし　⑦募集定員80名→120名

日本橋女学館○
①認める（要連絡）　②ある　③なし　④なし　⑤なし　⑦2/1午前公立中高一貫校型適性検査入試導入

ハ

函館白百合学園○
①30分まで　②ある　③なし　④なし　⑤なし　⑥なし（入学時納入金は2回に分けて納入）　⑦午前入試から午後入試へ変更あり

函館ラ・サール●
①30分まで　②ある　③なし　④なし　⑤予定・電話　⑥前期のみ延納金50,000円納入により2/6まで延納可　⑦なし

八王子学園八王子◎
①20分まで　②ある　③なし　④なし　⑤未定　⑥なし　⑦なし

八王子実践◎
①20分まで　②ある　③実施・参考程度　④なし　⑤なし　⑥なし　⑦3回入試→2回入試　入試科目国・算または作文へ

日出学園◎
①30分まで　②ある　③実施・ある程度考慮　④なし　⑤なし　⑥Ⅰ期・Ⅱ期併願合格生は入学金150,000円納入により施設設備費200,000円を2/8まで延納可　⑦募集定員推薦20名→30名・Ⅰ期40名→50名　Ⅰ期・Ⅱ期面接導入

広尾学園◎
①30分まで（試験時間延長なし）　②ある　③なし　④なし　⑤なし

フェリス女学院○
①20分まで　②ある　③実施・参考程度　④なし　⑤未定・電話　⑥延納なし　納入金の一部返還可　⑦日程・出願期間・出願受付時間・入学手続受付時間変更あり

富士見○
①認める　②ある　③なし　④なし　⑤予定・電話　⑥手続最終日2/7正午まで　設備費50,000円返還可　⑦なし

富士見丘○
①認める　②なし　③実施・ある程度考慮　④なし　⑤未定　⑦なし

藤村女子○
①試験終了まで（試験時間延長なし　交通機関の乱れによる場合時間をずらし別室受験）　②ある　③なし　④なし　⑤なし　⑦日程2/4→2/7　プレミアム入試4科→2科・4科選択

武相●
①認める　②ある　③なし　④なし　⑤予定・インターネットと電話　⑦全特入試2/3・2/5に実施

雙葉○
①認めない　②ある　③実施・参考程度　④非公表　⑤なし　⑥なし

武南◎
①20分まで　②ある　③なし　④なし　⑤予定・電話

普連土学園○
①30分まで　②ある　③なし　④なし　⑤予定・電話　⑦1次・3次入試算数の会話形式問題2題→1題

に関係しない　④全体で6割以上を目安　⑤予定・電話　⑥施設費は2/11までに納入　複数回出願の場合、合格・入学手続き後の回の検定料は返還　⑦B・C・D日程当日出願可へ　理社点数全日程50点満点へ　D日程2科の合計点で判定へ

横浜共立学園○
①認めない　②ある　③実施・かなり重視　④ある　⑤未定・電話　⑥なし　⑦なし

横浜女学院○
①20分まで　②ある　③なし　④なし　⑤未定・電話　⑥2/28までに辞退の場合施設費返還　⑦なし

横浜翠陵◎
①認める　②ある　③なし　④なし　⑤未定　⑥3/31までに辞退の場合施設設備費返還　⑦なし

横浜創英◎
①10分まで　②なし　③なし　④なし　⑤なし　⑥なし　⑦なし

横浜隼人◎
①20分まで　②ある　③なし　④なし　⑤未定・電話　⑥公立中高一貫校受検者は校納一時金延納可　3/30までに書面で辞退を申し出た場合施設費返還　⑦なし

横浜富士見丘学園○
①20分まで　②ある　③なし　④なし　⑤予定・電話　⑦入試日程2/5午前→2/4午後　募集定員・手続締切変更あり

横浜雙葉○
①公共交通機関の遅延による場合別室で試験時間繰り下げて実施、その他の理由は15分まで　②ある　③実施・参考程度　④なし　⑤なし・行う場合電話　⑥施設設備資金2/15まで　3/31までに辞退の場合施設設備資金返還　⑦なし

ラ

立教池袋●
①認める（学校長の判断による）　②ある　③第2回入試実施・かなり重視　④なし　⑤予定・掲示とインターネット　⑥期限内に辞退の場合維持資金の一部（100,000円）返還

立教女学院○
②ある　③実施・まったく合否に関係しない　④なし　⑤未定・電話　⑥2/8正午までに辞退の場合施設費・藤の会入会金返還　⑦出願配達日指定へ（帰国入試12/7・一般入試1/21）

立教新座●
①25分まで　②ある　③なし　④なし　⑤予定・インターネットと電話　⑥期日までに手続をした場合入学金の一部返還　⑦一般入試第2回日程変更

立正大学付属立正◎
①20分まで　②ある　③なし　④なし　⑤なし

麗澤◎
①20分まで　②ある　③実施・参考程度　④なし　⑤なし　⑥第1回・第2回は2/4　16:00まで延納可　⑦入試日程変更第1回1/21→1/22・第2回1/25→1/26・第3回2/3→2/4

ワ

和光◎
①15分まで　②ある　③実施・かなり重視　④非公表　⑤なし

早稲田●
①25分まで　②ある　③なし　④非公表　⑤非公表　⑥なし　⑦非公表

早稲田実業学校◎
①20分まで　②ある　③なし　④なし　⑤なし

早稲田大学高等学院●
①認める　②ある　③実施　⑤なし　⑥入学金以外返還可　⑦なし

和洋九段女子○
①認める（試験時間の延長なし）　②ある　③なし　④なし　⑤予定・掲示　⑦入学手続2/8まで延長　試験時間理・社合計40分へ

和洋国府台女子○
①15分まで　②ある　③なし　④ある・非公表　⑤なし

マ

明治学院◎
①認める　②ある　③なし　④3割程度　⑤予定・電話　⑥なし　⑦募集定員第1回約20名→約40名・第2回約100名→約80名　試験科目第2回2科・4科選択→4科　集合時間第2回・第3回8:05→8:30

明治大学付属中野●
①15分まで　②ある　③なし　④なし　⑤定員に満たない場合のみ行う・電話

明治大学付属中野八王子◎
①認めない　②原則なし　③なし　④なし　⑤未定　⑥なし　⑦算数出題形式変更あり

明治大学付属明治◎
①30分まで　②ある　③なし　④なし　⑤未定　⑥入学金300,000円以外、併願受験校の発表日翌日まで延納可（最長2/13　15:30まで）　⑦男女比7：3→6：4

明星◎
①30分まで　②なし　③実施・重視　④なし　⑤予定・電話　⑥2/29までに辞退申請をした場合施設費返還可　⑦なし

明法●
①1時間目終了まで　②ある　③なし　④なし　⑤未定・電話　⑥2/10正午までに辞退を申し出た場合施設設備費返還　⑦全入試日程で特待生（A・B）を選考　2/2第2回特待生S入試実施　2/3第3回2科・4科入試実施

目黒学院◎
①30分まで　②ある　③実施・ある程度考慮　④なし　⑤なし　⑥3/29までに辞退の場合入学手続時納入金全額返還　⑦面接導入

目黒星美学園○
①1時間目終了まで　②ある　③なし　④なし　⑤予定・電話　⑦インターネットによる合格発表実施

目白研心◎
①災害・交通事情等の場合のみ認める　②ある　③なし　④なし　⑤未定　⑥施設費170,000円返還可　⑦3年間特待生制度新設　2/4特待生入試実施　2/1午前第1回選抜コースのみの募集→特進コースも募集へ・合格発表時間15:00→14:40　午後入試試験科目国算・算理・国社の選択制へ・合格発表時間21:30→20:30　日程2/2午前→2/3午後

森村学園◎
①20分まで　②ある　③なし　④なし　⑤未定・電話　⑥入学金と施設維持費納入日をわけている　⑦帰国生入試面接廃止

ヤ

八雲学園○
①認める　②ある　③なし　④なし　⑤なし　⑥なし

安田学園●
①20分まで　②ある　③なし　④なし　⑤なし

山手学院◎
①15分まで　②ある　③なし　④なし　⑤未定・電話　⑦C日程2/3→2/4　後期日程入試科目2科→2科・4科選択

山脇学園○
①20分まで　②ある　③なし　④なし　⑤予定・電話　⑥複数回出願の場合、合格・入学手続き後の回の検定料は返還　受付期間内に辞退の場合学園維持整備費返還　⑦入学手続日程早まるA・B入試→2/4　13:00まで　C入試→2/5　15:00まで

横須賀学院◎
①20分まで　②ある　③なし　④30点代以下の場合考慮することがある　⑤未定　⑥施設費2/22まで延納可　⑦なし

横浜●
①10～20分まで　②ある　③なし　④なし　⑤なし　⑥3月末までに辞退の場合施設費返還　⑦入試日程変更あり

横浜英和女学院○
①状況により対応（要事前連絡）　②ある　③実施・まったく合否

これから行ける！学校説明会

●男子校　○女子校
◎共学校　□別学校

2012年
11月10日（土）
↓
2013年
1月31日（金）

データ提供：森上教育研究所

原則的に受験生と保護者対象のイベントを掲載しています。(保)：保護者対象　(受)：受験生対象
※日程や時間などは変更になる場合もございます。おでかけの際にはかならず各中学校にご確認ください。

学校名	行事内容	開催日	開始時間	予約	備考
◎上野学園	入試の傾向と対策	12月８日（土）	14:00	要	
	入試体験会	１月12日（土）	13:30	要	
○浦和明の星	説明会	11月10日（土）	9:30	不	
	説明会	11月10日（土）	13:30	不	
	説明会	12月１日（土）	9:30	不	
◎浦和実業学園	公開授業	11月19日（月）	9:00	不	
	公開授業	11月20日（火）	9:00	不	
	公開授業	11月21日（水）	9:00	不	
	公開授業	11月22日（木）	9:00	不	
	入試問題学習会	11月23日（金）	10:00	不	
	入試問題学習会	12月９日（日）	10:00	不	
●栄光学園	学校説明会	11月24日（土）	10:00	不	
◎穎明館	学校説明会	11月12日（月）	10:00	不	
	学校説明会	12月１日（土）	13:30	不	
○江戸川女子	学校説明会	11月10日（土）	10:00	不	
	学校説明会	12月８日（土）	10:00	不	
◎桜美林	学校説明会	11月17日（土）	14:00	不	
	入試説明会	12月15日（土）	10:00	不	
	クリスマスキャロリング	12月20日（木）	17:00	不	
	学校説明会	１月12日（土）	14:00	不	
○鷗友学園女子	学校説明会	12月15日（土）	10:00	要	(保)
	入試対策講座	12月15日（土）	13:00	要	
	入試対策講座	12月15日（土）	15:00	要	
○大妻	入試説明会	11月10日（土）	14:00	不	大妻講堂
	入試説明会	11月17日（土）	14:00	不	大妻講堂
	ナイト説明会	11月28日（水）	18:30	要	
	学校説明会	12月22日（土）	10:30	不	大妻講堂
○大妻多摩	学校説明会	11月19日（月）	10:40	不	
	入試説明会	11月25日（日）	10:00	不	
	入試模擬体験	１月６日（日）	10:00	要	
	合唱祭	１月25日（金）	12:10	要	パルテノン多摩大ホール
○大妻中野	学校説明会	11月17日（土）	14:00	不	
	入試問題説明会	11月17日（土）	10:00	不	
	入試問題説明会	１月６日（日）	10:00	不	
◎大宮開成	入試問題対策説明会	11月18日（日）	9:30	要	
	学校説明会	11月22日（木）	10:00	不	
	学校説明会	12月１日（土）	10:00	不	
	学校説明会	12月17日（月）	10:00	不	
○小野学園女子	オープンキャンパス	11月10日（土）	9:00	要	
	中学入試過去問体験講座	11月17日（土）	13:30	要	
	中学校説明会	11月29日（木）	10:00	不	
	中学校説明会	12月19日（水）	10:00	不	
	中学校説明会	１月12日（土）	10:00	不	
カ ◎開智	学校説明会	11月17日（土）	10:00	不	
	入試問題説明会	12月８日（土）	14:00	不	
◎開智未来	入試問題解説会	11月18日（日）	10:00	不	
	入試問題解説会	11月24日（土）	10:00	不	
	クリスマスサプリ	12月８日（土）	10:00	要	
	クリスマスサプリ	12月15日（土）	10:00	要	
	クリスマスサプリ	12月24日（月）	10:00	要	
◎かえつ有明	公開授業	11月13日（火）	9:45	要	
	公開授業	11月14日（水）	9:45	要	
	イブニング学校説明会	11月14日（水）	19:00	不	
	学校説明会	11月23日（金）	10:00	不	
	入試体験	12月15日（土）	8:30	要	
	学校説明会	12月24日（月）	10:00	不	
	学校説明会	１月12日（土）	10:00	不	

学校名	行事内容	開催日	開始時間	予約	備考
ア ○愛国	学園説明会	11月11日（日）	10:00	不	
	学園説明会	11月11日（日）	14:00	不	
	学園説明会	11月14日（水）	17:30	不	
	学園説明会	11月23日（金）	10:00	不	
	学園説明会	11月23日（金）	14:00	不	
	学園説明会	12月２日（日）	10:00	不	
	学園説明会	12月２日（日）	14:00	不	
	学園説明会	12月９日（日）	10:00	不	
	学園説明会	１月14日（月）	10:00	不	
◎青山学院	中等部祭（文化祭）	11月10日（土）	10:30	不	
	中等部祭（文化祭）	11月11日（日）	12:30	不	
●足立学園	説明会	11月10日（土）	10:00	不	
	ミニ説明会	11月16日（金）	19:00	要	
	ミニ説明会	11月27日（火）	13:30	要	
	説明会	12月１日（土）	10:00	不	
	ミニ説明会	12月４日（火）	13:30	要	
	ミニ説明会	12月22日（土）	10:00	要	
	ミニ説明会	１月９日（水）	10:00	要	
	説明会	１月12日（土）	10:00	不	
○跡見学園	入試説明会	11月10日（土）	10:30	不	
	体験授業	11月17日（土）	14:00	要	
	入試説明会	12月1日（土）	10:30	不	
◎郁文館	理事長説明会	11月10日（土）	10:00	要	
	中学入試説明会（午前）	11月15日（木）	10:00	要	
	中学入試説明会（午後）	11月15日（木）	18:00	要	
	理事長説明会	11月17日（土）	14:00	要	
	中学入試説明会（午前）	11月23日（金）	10:30	要	
	中学入試説明会（午後）	11月23日（金）	14:00	要	
	中学入試説明会（午前）	11月28日（木）	10:00	要	
	中学入試説明会（午後）	11月28日（木）	18:00	要	
	理事長説明会＆過去問解説	12月８日（土）	14:00	要	
	中学入試説明会	12月13日（木）	18:00	要	
	理事長説明会＆過去問解説	12月15日（土）	14:00	要	
	中学入試説明会（午前）	12月22日（土）	10:30	要	
	中学入試説明会（午後）	12月22日（土）	14:00	要	
	中学入試説明会（午前）	１月12日（土）	10:00	要	
	中学入試説明会（午後）	１月12日（土）	14:00	要	
	中学入試説明会	１月17日（土）	18:00	要	
◎市川	土曜スクールツアー	11月10日（土）	10:00	要	
	土曜スクールツアー	11月17日（土）	11:00	要	
	土曜スクールツアー	11月24日（土）	12:00	要	
	土曜スクールツアー	12月１日（土）	13:00	要	
◎上野学園	音楽コース個別相談	11月11日（日）	10:00	要	
	音楽コース実技相談	11月11日（日）	13:30	要	
	学校説明会	11月17日（土）	10:00	要	
	音楽相談	11月25日（日）	9:00	要	

学校名	行事内容	開催日	開始時間	予約	備考
◎暁星国際	学校説明会	12月8日(土)	13:00	要	
	学校説明会	1月12日(土)	13:00	要	
○共立女子	入試説明会	11月10日(土)	13:00	不	6年生と(保)
	入試説明会	11月24日(土)	10:00	不	6年生と(保)
	入試説明会(帰国生)	12月1日(土)	10:00	不	6年生と(保)
○共立女子第二	学校説明会	12月8日(土)	14:00	不	
	学校説明会　総合選抜入使用	1月12日(土)	10:30	不	
	入試体験	1月13日(日)	9:30	要	
○国本女子	説明会	11月10日(土)	10:00	不	
	説明会(クリスマス会)	12月15日(土)	14:00	要	
	説明会	1月12日(土)	14:00	不	
◎公文国際学園	入試説明会	12月9日(日)	10:00	不	
	入試直前個別相談会	1月12日(土)	9:00	不	
◎慶應義塾湘南藤沢	学校説明会	11月10日(土)	10:00	不	
	学校説明会	11月10日(土)	12:00	不	
	学校説明会	11月11日(日)	10:00	不	
	学校説明会	11月11日(日)	12:00	不	
	文化祭	11月10日(土)	10:00	不	
	文化祭	11月11日(日)	10:00	不	
◎慶應義塾中等部	学校説明会	11月10日(土)	11:00	不	慶應大学三田キャンパス西校舎ホール
	学校説明会	11月10日(土)	13:30	不	慶應大学三田キャンパス西校舎ホール
	学校説明会	11月11日(日)	11:00	不	慶應大学三田キャンパス西校舎ホール
	学校説明会	11月11日(日)	13:30	不	慶應大学三田キャンパス西校舎ホール
●京華	入試・学校説明会	11月11日(日)	14:00	不	
	授業見学会	11月21日(水)	10:30	不	
	入試・学校説明会	12月9日(日)	14:00	不	
	個別相談会	12月22日(土)	10:30	不	
	入試・学校説明会	12月22日(土)	14:30	不	
	模擬入試体験・学校説明会	1月13日(日)	9:00	不	
	個別相談会	1月20日(日)	10:30	不	
○京華女子	学校説明会+入試問題セミナー	11月11日(日)	10:30	要	
	学校説明会	11月24日(土)	14:30	不	
	サンセット相談会	11月26日(月)	18:00	不	
	サンセット相談会	11月27日(火)	18:00	不	
	サンセット相談会	11月28日(水)	18:00	不	
	サンセット相談会	11月29日(木)	18:00	不	
	サンセット相談会	11月30日(金)	18:00	不	
	学校説明会	12月9日(日)	10:30	不	
	学校説明会+入試問題セミナー	12月23日(日)	9:00	要	
	中学直前ガイダンス	1月13日(日)	10:30	不	
	個別相談会	1月20日(日)	11:00	不	
	個別相談会	1月26日(土)	10:30	不	
○光塩女子学院	入試説明会	11月18日(日)	14:00	不	
	過去問説明会	12月1日(土)	14:00	要	
	校内見学会	1月7日(月)	10:30	要	
	校内見学会	1月19日(土)	10:30	要	
○晃華学園	入試説明会・学校説明会	11月17日(土)	10:00	不	
	入試説明会	12月15日(土)	10:00	不	
◎工学院大学附属	入試本番模擬体験	12月1日(土)	9:00	要	
	学校説明会	12月1日(土)	10:00	不	
	学校説明会	1月12日(土)	14:00	不	
	入試直前相談会	1月20日(日)	10:00	要	
●攻玉社	土曜説明会	11月24日(土)	11:15	要	
	入試説明会	12月1日(土)	10:20	不	小学6年生(一般・特別選抜入試受験者対象)
	入試説明会	1月12日(土)	10:20	不	小学6年生(一般・特別選抜入試受験者対象)
	オープンスクール(理科実験教室)	11月17日(土)	13:30	要	小学4年生以上

カ

学校名	行事内容	開催日	開始時間	予約	備考
◎かえつ有明	個別相談会	1月28日(月)	9:00	不	
●学習院	入試説明会・学校説明会	11月17日(土)	14:00	不	学習院創立百周年記念会館正堂
◎春日部共栄	学校説明会	11月10日(土)	10:00	不	
	学校説明会	12月8日(土)	10:00	不	
	学校説明会	12月8日(土)	13:30	不	
○神奈川学園	オープンキャンパス	11月17日(土)	10:30	要	
	入試問題説明会	12月15日(土)	8:30	要	
	学校説明会	1月12日(土)	10:30	不	
○鎌倉女子大学	オープンスクール体験講座	11月10日(土)	10:30	要	(受)
	学校説明会	11月24日(土)	10:30	不	
	学校説明会	12月8日(土)	10:30	不	
	入試ミニ説明会	1月12日(土)	10:30	不	
●鎌倉学園	中学校説明会	11月17日(土)	13:30	要	
	中学校説明会	12月1日(土)	13:30	要	
	中学入試に向けて	12月15日(土)	10:00	要	(保)
○カリタス女子	学校説明会	11月18日(日)	10:00	不	
	体験授業	11月18日(日)	10:30	要	(受)
	入試過去問題説明会	12月1日(土)	9:30	要	
	入試過去問題説明会	12月1日(土)	14:30	要	
	ミニ説明会「カリタスDEナイト」	12月19日(水)	18:00	不	
○川村	ミニ説明会	11月14日(水)	10:00	要	
	学園祭	11月17日(土) 18日(日)	10:00	不	川村学園目白キャンパス
	体験学習・クラブ	11月23日(金)	10:00	要	(受)
	学校説明会	11月23日(金)	10:00	不	
	入試対策講座	11月23日(金)	10:00	要	(受)
	ミニ説明会	11月28日(水)	10:00	要	
	ミニ説明会	12月5日(水)	10:00	要	
	ナイト説明会	12月7日(金)	18:30	要	
	ミニ説明会	12月12日(水)	10:00	要	
	入試対策講座	12月15日(土)	14:00	要	(受)
	ミニ説明会	12月19日(水)	10:00	要	
	ミニ説明会	1月9日(水)	10:00	要	
	入試対策講座	1月12日(土)	14:00	要	(受)
	ミニ説明会	1月16日(水)	10:00	要	
	ミニ説明会	1月23日(水)	10:00	要	
	ミニ説明会	1月30日(水)	10:00	要	
◎関東学院	学校説明会	11月17日(土)	10:00	要	
	学校説明会	12月8日(土)	10:00	不	
	学校説明会	12月8日(土)	14:00	不	
	過去入試問題勉強会	12月8日(土)	9:20	要	
	過去入試問題勉強会	12月8日(土)	13:20	要	
◎関東学院六浦	6年生のための勉強会	11月17日(土)	8:50	要	(受)
	学校説明会	11月17日(土)	9:30	不	
	学校説明会	12月8日(土)	10:00	不	
○北鎌倉女子学園	過去問題学習会	11月10日(土)	13:30	要	(受)
	音楽個別相談会	11月10日(土)	9:00	不	
	過去問題学習会	11月17日(土)	9:30	要	(受)
	定期演奏会	11月17日(土)	13:30	不	鎌倉芸術館
	ミニ説明会	12月1日(土)	10:00	要	
	音楽個別相談会	12月1日(土)	9:30	不	
	音楽入試実技試演会	12月8日(土)	9:30	要	(受)
	ミニ説明会	12月15日(土)	10:00	要	
	ミニ説明会	1月12日(土)	10:00	要	
○北豊島	学校説明会	11月18日(日)	10:00	要	
	特別奨学生セミナー	11月23日(金)	9:00		(受)
	合唱コンクール・ギター発表会	12月1日(土)		不	
	学校説明会	12月1日(土)	11:00	要	
	学校説明会	12月23日(日)	10:00	要	
	特別奨学生セミナー	12月16日(日)	9:00		(受)
	学校説明会	1月6日(日)	10:00	要	
○吉祥女子	学校説明会	11月24日(土)	10:30	不	
	入試問題説明会	12月2日(日)	10:30	不	
	入試問題説明会	12月2日(日)	14:00	不	
◎共栄学園	合唱祭	11月22日(木)	13:00		かめあり・リリオホール
	学力特待制度説明会	11月25日(日)	9:30		
	学力特待制度説明会	12月16日(日)	9:30		
	ジョイフルコンサート	12月24日(月)	14:00		かつしかシンフォニーヒルズ
	受験対策講習会	1月13日(日)	9:30		
●暁星	学校説明会(小5以下)	11月10日(土)	10:00	不	

学校名	行事内容	開催日	開始時間	予約	備考
◎佐久長聖	県内説明会	12月16日(日)	10:00	不	
	体験入学	11月18日(日)	9:00	要	
◎桜丘	入試説明会	11月17日(土)	10:00	要	
	入試説明会	12月16日(日)	10:00	要	
	入試直前対策会	1月6日(日)	9:00	要	
	入試説明会	1月19日(土)	14:00	要	
◎狭山ヶ丘高等学校付属	学校説明会	12月8日(土)	9:00	不	
●サレジオ学院	学校説明会	11月10日(土)	14:00	不	(保)
◎自修館	学校説明会	11月10日(土)	10:00	不	
	1日体験入学	11月10日(土)	9:00	要	(受)
	入試説明会	12月1日(土)	9:30	不	
	入試説明会	12月1日(土)	13:30	要	
◎実践学園	入試説明会	11月10日(土)	14:30	不	
	合唱コンクール	11月15日(木)	10:00	不	練馬文化センター
	入試説明会	11月17日(土)	14:30	不	
	入試説明会	12月1日(土)	14:30	不	
	入試説明会	12月23日(日)	14:30	不	
	入試説明会	1月12日(土)	10:30	不	
○実践女子学園	学校説明会	12月15日(土)	10:00	不	
	学校説明会	1月12日(土)	10:30	不	
○品川女子学院	入試説明会	11月16日(金)	10:00	要	(保)
	オープンキャンパス	11月17日(土)	14:00	要	
	入試説明会(夜の部)	11月22日(木)	18:50	要	(保)
	校舎見学会	11月24日(土)	9:30	要	(保)
	入試説明会	12月6日(木)	10:00	要	(保)
	校舎見学会	12月27日(木)	9:30	要	(保)
	校舎見学会	12月28日(金)	9:30	要	(保)
	入試説明会	1月11日(金)	10:00	要	(保)
	校舎見学会	1月12日(土)	9:30	要	(保)
●芝	学校説明会	11月10日(土)	11:00	不	
	学校説明会	11月24日(土)	11:00	不	
●芝浦工業大学	体験入学	11月10日(土)	13:45	要	
	学校説明会	11月17日(土)	13:30	不	
	学校説明会	12月1日(土)	13:30	不	
	学校説明会	1月12日(土)	13:30	不	
◎芝浦工業大学柏	入試説明会	11月25日(日)	10:00	不	
	入試説明会	12月15日(土)	14:00	不	
◎渋谷教育学園渋谷	学校説明会	11月17日(土)	13:30	不	
◎渋谷教育学園幕張	入試説明会	11月10日(土)	14:00	不	
○自由学園女子部	学校説明会	12月8日(土)	14:30	要	
	入試相談会	1月6日(日)	10:00	要	
	入試相談会	1月6日(日)	13:00	要	
●自由学園男子部	学校説明会	11月10日(土)	11:00	要	
	勉強会	11月17日(土)		要	
	入試相談会	12月15日(土)	14:30	要	
	入試相談会	1月19日(土)	10:30	要	
	オープンスクール	1月19日(土)	12:30	要	
◎秀光	オープンキャンパス	11月16日(金)	10:00	不	
	入試説明会(東京)	12月9日(日)	10:00	不	東京
	入試説明会(仙台)	12月15日(土)	10:00	不	
	入試説明会(仙台)	12月16日(日)	10:00	不	
◎秀明八千代	学校説明会	11月18日(日)	10:00	不	
	学校説明会	12月16日(日)	10:00	不	
◎修徳	学校説明会	11月17日(土)	14:00	不	
	学校説明会	12月16日(日)	14:00	不	
	学校説明会	1月12日(土)	14:00	不	
○十文字	個別相談会	11月14日(水)	10:00	不	
	入試説明会	11月25日(日)	10:00	不	
	入試説明会	12月16日(日)	10:00	不	
	個別相談会	12月23日(日)	10:00	不	
	入試説明会	1月6日(日)	10:00	不	
	個別相談会	1月6日(日)	10:00	不	
◎淑徳	全体説明会「ドキドキ入試体験と解説授業」	11月23日(金)	9:30	要	
◎淑徳	池袋ナイト説明会	12月7日(金)	19:00	要	(保) 豊島区民センター(コア・いけぶくろ)
	全体説明会 入試模擬問題配布と解説	12月16日(日)	9:30	要	淑徳ホール
○淑徳SC	学校説明会	11月18日(日)	11:00	不	
	オープンキャンパス	11月24日(土)		要	
	個別相談会	12月1日(土)	14:00	不	
	個別相談会	12月8日(土)	14:00	不	
	個別相談会	12月22日(土)	14:00	不	

学校名	行事内容	開催日	開始時間	予約	備考
●攻玉社	オープンスクール(理科実験教室)	11月17日(土)	14:45	要	小学4年生以上
	オープンスクール(クラブ体験)	11月17日(土)	14:45	要	小学4年生以上
○麹町学園女子	学校説明会	11月15日(木)	10:30	不	
	入試説明会	12月1日(土)	14:30	不	
	入試模擬体験	12月16日(日)	9:00	要	
	入試説明会	1月9日(水)	10:30	不	
	入試説明会	1月12日(土)	14:30	不	
●佼成学園	学校説明会	11月10日(土)	14:00	不	
	学校説明会	11月22日(木)	18:00	不	
	学校説明会	12月8日(土)	14:00	不	
	学校説明会	1月12日(土)	14:00	不	
○佼成学園女子	学校説明会	11月10日(土)	14:00	要	
	受験生のためのチャレンジ	11月10日(土)	14:00	要	
	PISA型入試問題学習会	12月8日(土)	14:00	要	
	学校説明会	12月15日(土)	10:00	要	
	受験生のためのチャレンジ	12月15日(土)	10:00	要	
	学校説明会	1月12日(土)	14:00	要	
	受験生のためのチャレンジ	1月12日(土)	14:00	要	
	出願直前個別相談会	1月19日(土)	10:00	不	
○香蘭女学校	バザー	11月23日(金)	10:00	不	
	学校説明会	12月1日(土)	14:00	不	
□國學院大學久我山	中学校(STクラス)説明会	11月10日(土)	13:30	不	本校第一体育館
	中学校説明会	11月27日(火)	14:00	不	調布グリーンホール
	中学入試もぎ体験~4教科この1問~	12月16日(日)	10:00	不	本校 各教室:モニター
◎国士舘	入試説明会	11月10日(土)	10:00	不	
	入試説明会	11月24日(土)	10:00	不	
	校内言道大会	12月3日(月)	10:00	不	(保)
	入試説明会	12月8日(土)	10:00	不	
	学校見学会	12月22日(土)	10:00	不	
	授業見学会	1月21日(月)	13:00	要	(保)
◎駒込	入試説明会 入試算数ワンポイント講座	11月11日(日)	10:00	不	
	入試説明会 解説+ミニテスト	11月24日(土)	10:00	不	
	入試説明会 入試直前トライアル	12月16日(日)	10:00	不	
	入試説明会 入試直前トライアル	1月13日(日)	10:00	不	
○駒沢学園女子	学校説明会	11月10日(土)	13:30	不	
	学校説明会	11月17日(土)	13:30	不	
	学校説明会	11月25日(日)	10:00	不	
	学校説明会	12月8日(土)	13:30	不	
	学校説明会	1月19日(土)	13:30	不	
サ ◎埼玉栄	入試問題学習会	11月24日(土)	9:00	要	
	入試説明会	12月1日(土)	10:40	不	(保)
	入試問題学習会	12月15日(土)	9:00	要	
	入試説明会	12月25日(火)	10:40	不	(保)
◎埼玉平成	学校説明会	11月10日(土)	14:00	不	
	入試問題解説セミナー	11月10日(土)	14:00	要	
	合唱コンクール	11月17日(土)	10:00	不	
	個別相談会	11月17日(土)	13:00	不	
	個別相談会	11月24日(土)	13:00	不	
	個別相談会	12月1日(土)	13:00	不	
	個別相談会	12月8日(土)	13:00	不	
	入試説明会	12月9日(日)	10:00	不	
	個別相談会	12月15日(土)	13:00	不	
◎埼玉平成	個別相談会	12月22日(土)	13:00	不	
◎栄東	学校説明会	11月23日(金)	8:40	不	(保)
◎栄東	プレ入試	11月23日(金)	8:30	要	(受)
	学校説明会	11月25日(日)	8:40	不	(保)
	プレ入試	11月25日(日)	8:30	要	(受)
	学校説明会	12月8日(土)	10:00	不	(保)
○相模女子大学	学校説明会	12月8日(土)	10:00	不	
	ナイト説明会	12月21日(金)	18:00	不	
	入試個別相談	1月18日(金)	13:00	不	
	ナイト説明会	1月25日(金)	18:00	不	

学校名	行事内容	開催日	開始時間	予約	備考
◎駿台学園	学校説明会	11月24日(土)	10:00	不	
	休日個別相談会	11月25日(日)	10:00	要	
	学校説明会	12月1日(土)	10:00	不	
	休日個別相談会	12月2日(日)	10:00	要	
	学校説明会	12月8日(土)	10:00	不	
	休日個別相談会	12月9日(日)	10:00	要	
	休日個別相談会	12月16日(日)	10:00	要	
	学校説明会	1月12日(土)	10:00	不	
●聖学院	学校説明会	11月10日(土)	10:20	不	
	学校説明会	12月1日(土)	10:20	要	
	授業体験	12月1日(土)	10:20	要	
	学校見学会	12月24日(月)	10:30	不	
	学校説明会	1月12日(土)	10:20	不	
◎成蹊	学校説明会	11月17日(土)	13:30	不	
●聖光学院	学校説明会	11月10日(土)	14:00	不	
●成城	学校説明会	11月17日(土)	10:00	不	
	学校説明会	11月28日(水)	10:00	不	
	学校説明会	1月6日(日)	10:00	要	
◎成城学園	学校説明会	11月10日(土)	14:00	不	
○聖セシリア女子	学校説明会	11月10日(土)	10:00	不	
	学校説明会	12月15日(土)	10:00	不	
	学校見学会	11月30日(金)	10:00	要	
	学校見学会	1月17日(木)	10:00	要	
	発表会	11月20日(火)	9:00	不	
	クリスマスミサ	12月21日(金)		不	
○聖徳大学附属取手聖徳女子	入試対策説明会	11月11日(日)	10:00	要	
	入試対策説明会	11月23日(金)	10:00	要	
	入試対策説明会	12月16日(日)	10:00	要	
○星美学園	秋のクラブ体験会	11月10日(土)	14:00	要	
	学校説明会	11月10日(土)	14:15	不	
	ステップアンドトライ	11月25日(日)	9:00	要	
	ミニ説明会	11月25日(日)	9:10	不	
	入試体験会	12月8日(土)	9:00	要	
	楽しい算数教室	12月8日(土)	10:00	要	
	学校説明会	12月23日(日)	14:15	不	
	クリスマス会	12月23日(日)	16:00	要	
	学校説明会	1月13日(日)	10:00	不	
◎西武学園文理	入試説明会	11月10日(土)	10:00	不	
	入試説明会	11月27日(火)	10:00	不	
◎西武台千葉	学校説明会	11月17日(土)	14:00	不	
	個別相談会	11月29日(木)	17:00	不	
	学校説明会	12月15日(土)	10:00	不	
◎西武台新座	入試模擬体験会	11月23日(金)	10:00	要	
	学校説明会	12月8日(土)	11:00	不	
	入試情報説明会	12月23日(日)	14:30	不	
◎聖望学園	学校説明会	11月17日(土)	14:30	不	
	クリスマスツリー点火式	11月30日(金)	17:00	不	
	学校説明会	12月15日(土)	14:30	不	
◎青稜	体験入学	11月17日(土)	14:00	不	
	入試説明会	12月1日(土)	10:30	不	(保)
	入試説明会	1月9日(水)	10:30	不	(保)
●世田谷学園	6年生対象説明会	11月17日(土)	10:30	要	
	5年生以下対象	11月17日(土)	13:30	要	
	5年生以下対象	11月21日(水)	10:30	要	
	6年生対象説明会	11月22日(木)	10:30	要	
	6年生対象説明会	11月24日(土)	10:30	要	
	5年生以下対象	11月24日(土)	13:30	要	
	6年生対象説明会	12月3日(月)	10:30	要	
	6年生対象説明会	12月8日(土)	10:30	要	
	5年生以下対象	12月12日(水)	10:30	要	
	入試直前説明会	12月15日(土)	10:30	要	
◎専修大学松戸	学校説明会	11月10日(土)	10:00	不	
◎専修大学松戸	学校説明会	11月25日(日)	10:00	不	
	学校説明会	12月16日(日)	10:00	不	
	学校説明会	1月5日(土)	14:00	不	
○洗足学園	学校説明会	11月24日(土)	14:00	不	
	入試説明会	12月23日(日)	8:30		
	入試説明会	12月23日(日)	12:40		
○捜真女学校	学校説明会	11月10日(土)	10:00	不	
	ナイト説明会	11月30日(金)	18:30	不	
	入試相談会	1月5日(土)	13:30	不	
◎相洋	学校説明会	11月11日(日)	10:00	要	
	学校説明会	12月15日(土)	10:00	要	
タ ●高輪中	入試説明会	12月1日(土)	14:00	要	
	入試説明会	1月8日(火)	14:00	要	

学校名	行事内容	開催日	開始時間	予約	備考
サ ○淑徳SC	個別相談会	1月14日(月)	11:00	不	
◎淑徳巣鴨	中学公開授業	11月10日(土)	10:00	要	
	学校説明会	12月15日(土)	14:00	不	
	入試対策説明会	1月12日(土)	14:00	不	
○淑徳与野	学校説明会	11月24日(土)	10:00	不	
	学校説明会	12月7日(金)	13:30	不	
◎順天	学校説明会	11月17日(土)	13:00	不	
	学校説明会	12月8日(土)	13:00	不	
	学校説明会	1月7日(月)	13:00	不	
○頌栄女子学院	クリスマスこども会	11月24日(土)	13:00	要	
●城西川越	問題解説学習会	11月23日(金)	9:00	要	
	問題解説学習会	11月23日(金)	12:15	要	
	学校説明会	12月1日(土)	14:30	不	
◎城西大学附属城西	学校説明会	11月10日(土)	14:30	不	
	学校説明会	11月21日(水)	18:00	不	
	音楽鑑賞会	11月26日(月)	13:00	要	東京芸術劇場
	学校説明会	12月8日(土)	14:30	不	
	学校説明会	1月12日(土)	10:00	不	
◎常総学院	文化祭	11月11日(日)	10:00	不	
	入試説明会	11月23日(金)	10:00	要	
	入試説明会(柏会場)	12月8日(土)	10:00	要	三井ガーデンホテル柏
◎聖徳学園	イブニング説明会	11月12日(月)	19:00	要	
	学校説明会	11月24日(土)	10:00	要	
	イブニング説明会	11月30日(金)	19:00	要	
	学校説明会	12月22日(土)	10:00	要	
	体験授業	12月22日(土)	14:00	要	
	学校説明会	1月12日(土)	10:00	要	
○昭和女子大学附属昭和	学校説明会	11月23日(土)	10:00	不	
	入試問題解説会	11月23日(土)	10:00	要	
	学校説明会	12月16日(日)	10:00	不	
	入試問題解説会	12月16日(日)	10:00	要	
	体験授業	12月16日(日)	10:00	要	
	学校説明会	1月12日(土)	10:00	不	
○女子学院	学校説明会	11月13日(火)	8:10	要	(保)
	学校説明会	11月15日(木)	8:10	要	(保)
	学校説明会	11月17日(土)	10:00	要	(保)
○女子聖学院	学校説明会	11月14日(水)	10:00	不	
	学校説明会	12月8日(土)	14:00	不	
	学校説明会	1月12日(土)	14:00	不	
	体験授業Ⅱ	11月24日(土)	9:00	要	6年生対象
	PTAクリスマス礼拝	12月1日(土)	13:30	要	
○女子美術大学付属	公開授業	11月17日(土)	8:35	不	
	学校説明会	11月24日(土)	14:00	不	
	公開授業	11月24日(土)	8:35	不	
	ミニ学校説明会	12月8日(土)	14:00	不	
	ミニ学校説明会	1月12日(土)	14:00	不	
◎湘南学園	入試説明会	11月14日(水)	9:30	要	
	公開授業	11月16日(金)	10:00	不	
	入試説明会	12月8日(土)	10:00	要	
	合唱コンクール	1月24日(木)	10:00	不	鎌倉芸術館
○湘南白百合学園	入試説明会	11月17日(土)	10:00	不	
	入試説明会	12月8日(土)	9:30	要	
◎昌平	入試説明会	11月14日(水)	10:00	不	
	入試説明会	11月30日(金)	10:00	不	
	入試説明会	12月15日(土)	10:00	不	
●城北	学校説明会	11月23日(金)	10:00	不	6年生対象
●城北埼玉	学校説明会	11月18日(日)	10:00	要	本校記念ホール
○白梅学園清修	入試説明会	11月10日(土)	14:00	要	
	学校説明会	11月23日(金)	10:00	要	
	入試説明会	12月15日(土)	14:00	要	
	授業見学会&ミニ学校説明会	1月12日(土)	10:00	要	
●巣鴨	学校説明会	11月10日(土)	10:00	不	
◎杉並学院	入試説明会	11月17日(土)	10:30	不	
	入試説明会	12月1日(土)	10:30	不	
	入試説明会	12月22日(土)	14:30	不	
	入試説明会	1月12日(土)	10:30	不	
●逗子開成	中学入試説明会	11月10日(土)	10:00	不	
	土曜見学会	11月17日(土)	10:00	要	
	水曜見学会	11月21日(水)	10:00	要	
	中学入試説明会	12月14日(金)	14:00	不	
	土曜見学会	12月15日(土)	10:00	要	
◎駿台学園	休日個別相談会	11月11日(日)	10:00	要	
	学校説明会	11月17日(土)	10:00	不	
	休日個別相談会	11月18日(日)	10:00	要	
	休日個別相談会	11月23日(金)	10:00	要	

これから行ける! 学校説明会

学校名	行事内容	開催日	開始時間	予約	備考
○貞静学園	プレテスト	12月2日(日)	13:00	要	
	プレテスト	12月9日(日)	13:00	要	
	プレテスト	12月16日(日)	13:00	要	
	入試対策講座	12月23日(日)	13:00	要	
	学校説明会	1月12日(土)	10:00	不	
○田園調布学園	学校説明会	11月22日(木)	10:00	不	
	入試体験	1月12日(土)	10:00	不	(受)
	定期音楽会	1月23日(水)	12:30	不	横浜みなとみらいホール
○戸板	入試説明会	11月23日(金)	10:00	要	(保)
	入試お役立ち教室	11月23日(金)	10:00	要	
	入試説明会	12月5日(水)	10:30	不	(保)
	入試模擬体験	12月16日(日)	9:00	要	
	入試直前ガイダンス	1月13日(日)	10:30	不	(保)
	入試直前ガイダンス	1月16日(水)	10:30	不	
□桐蔭学園	入試体験・説明会	12月8日(土)	9:30	要	
◎東海大学付属高輪台	学校説明見学会	11月11日(日)	10:00	不	
	学校説明見学会	12月1日(土)	10:00	不	
	学校説明見学会	1月13日(日)	10:00	不	
◎東海大学付属相模	学校説明会	11月18日(日)	10:00	不	
	学校説明会	12月16日(日)	10:00	不	
	定期演奏会	11月18日(日)	14:00	不	
□桐光学園	帰国生対象説明会 入試説明会	12月1日(土)	13:30	不	
	入試説明会 男子対象	12月8日(土)	10:00	不	
	入試説明会 女子対象	12月8日(土)	13:30	不	
○東京家政学院	体験講座 算数&進路指導	11月10日(土)	14:00	要	
	授業公開	11月14日(水)	10:00	要	
	イブニング説明会	11月22日(木)	19:00	要	(保)
	過去問題対策説明会	12月1日(土)	10:00	要	
	過去問題対策説明会	12月1日(土)	14:00	要	
	臨時説明会(初来校者対象)	12月15日(土)	14:00	要	
	適性検査対策説明会	1月6日(日)	10:00	要	
	入試直前対策説明会	1月12日(土)	10:00	要	
	入試直前対策説明会	1月12日(土)	14:00	要	
	キャンパスツアー	1月19日(土)	11:00	要	
	キャンパスツアー	1月26日(土)	11:00	要	
○東京家政大学附属女子	ミニ学校見学会	11月16日(金)	10:00	要	
	学校説明会	11月17日(土)	14:00	不	
	ミニ学校見学会	11月30日(金)	10:00	要	
	学校説明会	12月8日(土)	13:00	要	
	ミニ学校見学会	1月11日(金)	10:00	要	
	学校説明会	1月12日(土)	14:00	不	
	ミニ説明会	1月27日(日)	12:00	不	
◎東京学館浦安	学校説明会	11月10日(土)	10:00	要	
	授業公開	11月17日(土)	9:40	要	
	学校説明会	11月17日(土)	10:40	要	
	学校説明会	12月2日(日)	10:00	要	
○東京女学館	創立124周年記念祭	11月10日(土)	11:30	不	
	創立124周年記念祭	11月11日(日)	9:00	不	
	学校説明会	11月17日(土)	10:00	不	
	学校説明会	12月22日(土)	13:00	不	
○東京女子学園	学校説明会	11月17日(土)	14:00	不	
	体験入学	11月17日(土)	14:00	要	(受)
	学校説明会	11月30日(金)	10:00	不	
	学校説明会	11月30日(金)	19:00	不	
	学校説明会	12月15日(土)	10:00	要	
	学校説明会	12月15日(土)	14:00	要	
	入試対策勉強会	12月15日(土)	10:00	要	(受)
	入試対策勉強会	12月15日(土)	14:00	要	(受)
○東京女子学園	学校説明会	1月12日(土)	10:00	不	
	学校説明会	1月26日(土)	13:30	不	
◎東京成徳大学	学校説明会	11月11日(日)	10:30	不	
	出題傾向説明会	12月9日(日)	10:30	不	
	出題傾向説明会	12月9日(日)	14:00	不	
	出題傾向説明会	1月7日(月)	10:30	不	
	学校説明会	1月19日(土)	10:30	不	
○東京純心女子	学校説明会	12月1日(土)	10:30	要	
	受験生のためのクリスマスページェント	12月24日(月)	10:00	要	
	個別相談会	1月12日(土)	13:00	要	
◎東京電機大学	学校説明会	11月17日(土)	14:00	不	
	過去問解説会	12月15日(土)	10:00	要	

学校名	行事内容	開催日	開始時間	予約	備考
○瀧野川女子学園	力だめし	11月10日(土)	14:00	要	(受)
	学習会	11月24日(土)	14:00	要	
	学校説明会	12月22日(土)	10:00	不	
	学校説明会	1月12日(土)	14:00	不	
◎橘学苑	学校説明会	11月25日(日)	9:30	不	
	オープンスクール	11月25日(日)	9:30	要	(受)
	ミニ説明会	12月4日(火)	10:00	要	(保)
	学校説明会	12月16日(日)	8:30	要	
	模擬試験	12月16日(日)	8:20	要	(受)
	ミニ説明会	1月16日(水)	10:00	要	(保)
○玉川聖学院	入試説明会	11月24日(土)	9:00	不	
	入試説明会	12月8日(土)	10:00	不	
	入試説明会	1月11日(金)	10:00	不	
◎玉川学園	学校説明会	11月10日(土)	10:00	不	
	学校説明会IBクラス	11月10日(土)	11:00	不	
	音楽祭	12月5日(水)	14:00	要	パルテノン多摩
	学校説明会	12月15日(土)	14:00	不	
	学校説明会IBクラス	12月15日(土)	13:30	不	
◎多摩大学附属聖ヶ丘	学校説明会	11月10日(土)	14:00	不	
	6年生対象入試対策講座	12月8日(土)	14:00	不	
	学校説明会	1月14日(月)	10:00	不	
◎多摩大学目黒	入試説明会	11月14日(水)	10:30	不	
	体験学習	11月23日(金)	10:00	要	あざみ野セミナーハウス
	入試説明会	12月1日(土)	10:30	不	
	入試説明会	1月11日(金)	10:30	不	
	入試説明会	1月11日(金)	19:00	不	
◎千葉国際	入試説明会	11月24日(土)	10:00	不	
	入試説明会	1月6日(日)	10:00	不	
◎千葉日本大学第一	学校説明会	11月24日(土)	14:00	不	
	学校説明会	12月8日(土)	14:00	不	
◎千葉明徳	学校説明会	11月10日(土)	10:40	要	
	学校説明会	11月23日(金)	10:40	要	
	学校説明会	12月16日(日)	10:40	要	
◎中央大学附属	学校説明会	12月1日(土)	14:00	不	
◎中央大学横浜山手	授業公開日	11月21日(水)	8:45	不	
	学校説明会(女子)	12月16日(日)	9:30	不	
	学校説明会(男子)	12月16日(日)	11:30	不	
◎千代田区立九段	学校説明会	11月18日(日)	9:00	不	
	学校説明会	11月18日(日)	14:30	不	
	適性検査解説会	12月8日(土)		要	(受)
○千代田女学園	学校説明会	11月17日(土)	10:30	不	
	入試対策会	11月23日(金)	10:30	要	
	学校説明会	12月1日(土)	10:30	不	
	入試問題練習会	12月16日(日)	10:30	要	(受)
	学校説明会	12月16日(日)	10:30	不	(保)
	4・5年生対象説明会	12月22日(土)	13:30	要	
	学校説明会	1月5日(土)	13:30	不	
◎土浦日本大学	学校説明会	11月18日(日)	10:00	不	
◎鶴見大学附属	入試説明会	11月17日(土)	10:00	不	
	合唱祭	11月22日(木)	13:00	不	
	サテライト説明会	11月27日(火)	19:00	要	
	入試問題の傾向と対策の説明会	12月1日(土)	10:00	不	
	入試模擬体験	12月8日(土)	14:30	要	
	入試直前説明会	1月19日(土)	10:00	不	
◎帝京	合唱コンクール	11月21日(水)	10:00	不	川口文化総合センター
	出題傾向重点会	11月24日(土)	13:30	不	
	過去問題解説会	12月8日(土)	13:30	不	
	直前予想問題解説会	1月12日(土)	13:30	不	
◎帝京大学	学校説明会	11月10日(土)	10:00	不	
	学校説明会	12月16日(日)	10:00	不	
	学校説明会	1月12日(土)	14:30	不	
	合唱コンクール	11月21日(水)	10:00	不	
◎帝京八王子	クラブ体験・説明会	11月11日(日)	10:30	要	
	学校説明会	11月17日(土)	13:00	不	
	学校説明会	11月21日(水)	10:30	不	
	学校説明会	11月24日(土)	13:00	不	
	体験入試	12月2日(日)	11:00	不	
	体験入試	12月9日(日)	11:00	不	
	適性検査模試	12月15日(土)	13:00	不	
	適性検査模試	1月6日(日)	11:00	不	
○貞静学園	学校説明会	11月10日(土)	10:00	不	
	プレテスト	11月18日(日)	13:00	要	
	学校説明会	11月24日(土)	10:00	不	
	プレテスト	11月25日(日)	13:00	要	
	学校説明会	12月1日(土)	10:00	不	

学校名	行事内容	開催日	開始時間	予約	備考
◎東邦大学付属東邦	学校見学会	11月10日(土)	10:00	要	
	学校見学会	11月17日(土)	10:00	要	
	学校見学会	12月1日(土)	10:00	要	
○東洋英和女学院	学校説明会	11月10日(土)	10:00	不	
	学校説明会	11月10日(土)	13:30	不	
	入試問題説明会	12月1日(土)	9:00	不	
	クリスマス音楽会	12月8日(土)	13:00		
	クリスマス音楽会	12月8日(土)	15:00		
	ミニ学校説明会	12月22日(土)	10:00	要	
●藤嶺学園藤沢	入試説明会	11月10日(土)	10:30	不	
	入試説明会	11月30日(金)	10:30	不	
	入試直前説明会	12月8日(土)	10:30	不	
	入試直前説明会	1月14日(月)	10:30	不	
○豊島岡女子学園	学校説明会	11月24日(土)	14:00	要	
○トキワ松学園	学校説明会	11月29日(木)	10:30	要	(保)
	入試体験教室	12月23日(日)	14:00	要	(受)
	入試説明会	12月23日(日)	14:00	要	
	算数勉強教室	1月12日(土)	14:00	要	(受)
	入試説明会	1月12日(土)	14:00	不	
◎獨協	学校説明会	11月11日(日)	14:00	不	
	学校説明会	12月2日(日)	10:00	不	
	入試直前説明会	12月24日(月)	10:00	不	
	入試直前説明会	12月24日(月)	11:30	不	
◎獨協埼玉	学校説明会	11月25日(日)	10:00	不	
	学校説明会	12月16日(日)	10:00	不	
ナ ○中村中	学校説明会	11月18日(日)	10:00	要	
	Cafe説明会	12月14日(金)	14:00	要	
	Cafe説明会	12月18日(火)	14:00	要	
	Cafe説明会	12月19日(水)	14:00	要	
	学校説明会	1月6日(日)	9:00	要	
◎成田高等学校付属	入試説明会	11月17日(土)	10:00	不	
◎西大和学園	入試説明会	11月17日(土)	14:00	不	
	学校説明会(東京)	11月18日(日)	14:00	不	
●日本学園	理科実験教室	11月25日(日)	10:00	要	
	個別相談会	12月8日(土)	9:00	不	
	入試説明会	12月17日(月)	10:00	要	(保)
	入試体験	1月13日(日)	8:30	要	
◎日本工業大学駒場	学校説明会	11月11日(日)	13:00	不	
	学校説明会	11月25日(日)	13:00	不	
	個別相談会	11月29日(木)	16:00	不	
	個別相談会	12月8日(土)	9:00	不	
	入試雰囲気体験	12月24日(月)	8:30	要	
	学校説明会	1月13日(日)	13:00	不	
○日本女子大学附属	学校説明会	11月17日(土)	14:00	不	
	入試問題解説会	11月17日(土)	14:00	要	
	親子天体観望会	12月15日(土)	17:00	要	
◎日本大学	学校説明会	12月1日(土)	9:30	不	
◎日本大学第三	入試説明会	11月24日(土)	13:45	不	
	入試説明会	1月12日(土)	13:45	不	
◎日本大学第二	学校説明会	11月24日(土)	14:00	不	
	学校説明会	1月12日(土)	14:00	不	
◎日本大学藤沢	入試説明会	11月17日(土)	14:00	不	
	入試説明会	12月1日(土)	14:00	不	
●日本大学豊山	学校説明会	11月23日(金)	14:00	不	
○日本大学豊山女子	学校説明会	11月24日(土)	10:00	不	
	学校説明会	12月8日(土)	10:00	不	
	学校説明会	1月12日(土)	10:00	不	
○日本橋女学館	入試説明会	11月10日(土)	10:00	不	
	保護者説明会	11月14日(水)	10:00	不	
	入試体験会	11月18日(日)	8:30	要	
	入試説明会	12月1日(土)	14:00	不	
	イブニング個別相談会	12月5日(土)	18:00	不	
○日本橋女学館	イブニング個別相談会	12月6日(日)	18:00	不	
○日本橋女学館	入試体験会	12月16日(日)	8:30	要	
	入試説明会	12月22日(土)	14:00	不	
	入試体験会	1月6日(日)	8:30	要	
	入試直前情報会	1月12日(土)	14:00	不	
○新渡戸文化	学校説明会	11月17日(土)	14:00	不	
	公開授業	11月25日(日)	8:40	要	
	入試体験会	12月2日(日)	9:00	要	(受)
	クリスマスイベント	12月15日(土)	10:00	要	
	入試体験会	1月7日(月)	9:00	要	(受)
ハ ◎八王子学園八王子	入試問題ガイダンス&説明会	11月24日(土)	10:00	要	

学校名	行事内容	開催日	開始時間	予約	備考
タ ◎東京電機大学	学校説明会	1月6日(日)	10:00	不	
◎東京都市大学等々力	学校説明会	11月23日(金)	10:00	要	
	学校説明会	11月23日(金)	10:30	要	
	学校説明会	12月24日(月)	10:00	要	
	学校説明会	12月24日(月)	10:30	要	
	学校説明会	1月14日(月)	10:00	要	
	学校説明会	1月14日(月)	10:30	要	
●東京都市大学付属	入試説明会	11月18日(日)	10:00	要	
	過去問チャレンジ	11月18日(日)	10:00	要	(受)
	冬季イブニング説明会	12月21日(金)	18:30	要	
	入試説明会	1月13日(日)	10:00	要	
◎東京都立桜修館	休日授業公開	11月17日(土)	8:35	不	
	入学検査説明会	12月1日(土)	9:00	要	
	入学検査説明会	12月1日(土)	11:00	要	
	入学検査説明会	12月2日(日)	9:00	要	
	入学検査説明会	12月2日(日)	11:00	要	
◎東京都立大泉高等学校附属	授業公開	11月12日(月)	10:30	不	(保)
	授業公開	11月13日(火)	10:30	不	(保)
	授業公開	11月14日(水)	10:30	不	(保)
	授業公開	11月15日(木)	10:30	不	(保)
	授業公開	11月16日(金)	10:30	不	(保)
	学校説明会	11月17日(土)	10:00	不	(保)
◎東京都立小石川	学校説明会	11月10日(土)	10:00	不	
	学校説明会	11月10日(土)	13:00	不	
	学校説明会	11月10日(土)	15:00	不	
	授業公開	11月17日(土)	8:45	要	
	適性問題解説会	11月25日(日)	9:00	要	(受)
	適性問題解説会	11月25日(日)	11:00	要	(受)
◎東京都立白鴎高等学校附属	学校公開	11月17日(土)	10:30	不	
	学校公開	12月1日(土)	10:30	不	
	願書配布説明会	12月2日(日)	9:30	不	高校校舎
	願書配布説明会	12月2日(日)	11:30	不	
	願書配布説明会	12月2日(日)	14:30	不	
	学校公開	1月19日(土)	10:30	不	
◎東京都立富士高等学校附属	授業公開週間	11月12日(月)	8:50	不	
	授業公開週間	11月13日(火)	8:50	不	
	授業公開週間	11月14日(水)	8:50	不	
	授業公開週間	11月15日(木)	8:50	不	
	授業公開週間	11月16日(金)	8:50	不	
	学校説明会	11月17日(土)	13:00	不	
	授業公開週間	11月17日(土)	10:50	不	
	募集案内配布説明会	12月1日(土)	14:30	不	
◎東京都立三鷹	授業公開	11月17日(土)	8:40	不	
	学校説明会	12月1日(土)		不	
	授業公開	12月1日(土)	8:40	不	
	授業公開	12月8日(土)	8:40	不	
	授業公開	1月12日(土)	8:40	不	
	授業公開	1月19日(土)	8:40	不	
◎東京都立南多摩	学校説明会	11月17日(土)	13:30	不	
	学校説明会	11月17日(土)	14:30	不	
	学校説明会	11月17日(土)	15:30	不	
	応募説明会	12月1日(土)	13:30	不	(保)
	応募説明会	12月1日(土)	14:30	不	(保)
	応募説明会	12月1日(土)	15:30	不	(保)
◎東京農業大学第一	学校説明会	11月11日(日)	10:00	不	農大百周年講堂
	入試対策説明会	12月16日(日)	10:00	不	農大百周年講堂
	入試対策説明会	12月16日(日)	14:00	不	農大百周年講堂
	学校説明会	1月12日(土)	10:00	不	農大百周年講堂
◎東京農業大学第三	入試模擬体験	11月25日(日)	9:30	要	
	保護者向け説明会	11月25日(日)	9:30	不	
	学校説明会	12月15日(土)	9:30	不	
◎東京立正	学校説明会	11月18日(日)	10:00	不	
	合唱コンクール	11月24日(土)	9:00	不	
◎東京立正	学校説明会	12月8日(土)	10:00	不	
	吹奏楽部定期演奏会	12月26日(水)	18:00	要	練馬文化大ホール
	学校説明会	1月12日(土)	10:00	不	
◎東星学園	学校見学会	11月17日(土)	10:30	要	
	個別入試相談会	12月15日(土)	13:00	要	
	個別入試相談会	12月16日(日)	10:00	要	
	個別入試相談会	12月17日(月)	15:30	要	
	個別入試相談会	12月18日(火)	15:30	要	
	クリスマス会	12月22日(土)	9:30	要	
	入試体験会	1月12日(土)	13:00	要	
○桐朋女子	学校説明会	11月17日(土)	14:00	不	
	学校説明会	12月8日(土)	14:00	不	

学校名	行事内容	開催日	開始時間	予約	備考
○文京学院大学女子	学校説明会	12月16日（日）	10:00	不	
	学校説明会	12月16日（日）	13:30	不	
	体験！文京学院方式午後ミニ説明会	12月24日（月）	10:00	不	
	体験！文京学院方式午後ミニ説明会	1月13日（日）	10:00	不	
	学校説明会	1月20日（日）	10:00	不	(受)
◎文教大学付属	学校説明会	11月24日（土）	14:00	不	
	入試問題対策説明会 2科受験生	12月1日（土）	10:30	要	
	入試問題対策説明会 4科受験生	12月1日（土）	13:30	要	
	入試問題対策説明会 2科受験生	12月15日（土）	10:30	要	
	入試問題対策説明会 4科受験生	12月15日（土）	13:30	要	
	学校説明会	1月12日（土）	14:00	不	
◎法政大学	学校説明会	11月10日（土）	10:30	要	
	学校説明会	11月20日（火）	10:30	要	
	入試直前対策講習会	12月8日（土）	8:30	要	
◎宝仙学園理数インター	入試説明会	11月17日（土）	14:30	不	
	入試説明会	11月23日（金）	9:00	不	
	入試説明会	11月24日（土）	14:30	不	
	入試説明会	12月1日（土）	14:30	不	
	入試説明会	12月9日（日）	10:30	不	
	入試説明会	12月15日（土）	10:30	不	
	入試説明会	1月12日（土）	10:30	不	
	入試説明会	1月19日（土）	10:30	不	
◎星野学園	入試説明会	11月18日（日）	10:00	要	
	入試説明会	12月16日（日）	10:00	要	
●本郷	入試説明会	11月10日（土）	14:00	不	
	オープンキャンパス	11月10日（土）	14:00	要	
	入試説明会	12月1日（土）	14:00	不	
	親子見学会	12月23日（日）	10:30	要	
	親子見学会	12月23日（日）	14:00	要	
○聖園女学院	学校説明会	11月10日（土）	9:30	不	
	授業見学会	11月30日（金）	10:00	要	
	学校説明会	12月15日（土）	9:30	不	
	クリスマスタブロ	12月22日（土）	14:00	要	
	授業見学会	1月18日（金）	10:00	要	
○緑ヶ丘女子	入試説明会	12月8日（土）	10:30	不	
	入試説明会	1月19日（土）	10:30	不	
○三輪田学園	学校説明会	11月17日（土）	12:30	不	
	学校説明会	12月7日（金）	10:00	不	
	学校説明会	12月23日（日）	10:00	不	
	学校説明会	1月12日（土）	10:00	不	
	ミニ学校説明会	1月15日（水）	10:00	要	
◎武蔵野	学校説明会	11月17日（土）	10:30	不	
	体験授業	11月17日（土）	13:00	不	
	学校説明会	11月24日（土）	13:00	不	
	学校説明会	12月1日（土）	10:00	不	
	学校説明会	12月8日（土）	10:00	不	
	個別相談会	12月15日（土）	10:00	不	
	個別相談会	12月22日（土）	13:00	不	
	入試模擬体験	12月22日（土）	13:00	要	
	個別相談会	1月12日（土）	13:00	不	
	入試模擬体験	1月12日（土）	13:00	要	
○武蔵野女子学院	授業・クラブ見学会	11月17日（土）	8:30	要	
	体験入学&入試問題解説授業2012	11月23日（金）	10:00	不	
	2013年度入試の傾向	12月23日（日）	10:00	不	
	ミニ説明会	1月11日（金）	14:00	要	
	学校説明会	1月27日（日）	10:00	不	
◎武蔵野東	学園祭	11月11日（日）	10:00	不	
	スクールツアー	11月14日（水）	16:00	要	
	公開体験講座	11月17日（土）	10:30	要	
	スクールツアー	11月21日（水）	16:00	要	
	学校説明会	11月28日（水）	10:00	不	
	スクールツアー	11月28日（水）	16:00	要	
	スクールツアー	12月5日（水）	16:00	要	
	入試問題解説講座	12月8日（土）	9:00	要	
	スクールツアー	12月12日（水）	16:00	要	
	学校説明会	12月14日（金）	10:00	不	
	学校説明会	1月12日（土）	10:00	不	
	入試問題解説講座	1月12日（土）	9:00	要	(受)
◎茗溪学園	入試説明会	11月10日（土）	14:30	不	

マ

学校名	行事内容	開催日	開始時間	予約	備考
◎八王子学園八王子	入試問題ガイダンス＆説明会	11月24日（土）	13:00	要	
	学校説明会	12月1日（土）	10:00	要	
	入試模擬問題体験＆説明会	12月16日（日）	10:00	要	
	入試模擬問題体験＆説明会	12月16日（日）	13:00	要	
	入試問題ガイダンス＆説明会	1月12日（土）	10:00	要	
◎八王子実践	学校説明会	11月10日（土）	14:00	不	
	学校説明会	11月17日（土）	14:00	不	
	学校説明会	11月24日（土）	14:00	不	
○函館白百合	学校説明会（東京）	11月25日（日）	14:00	不	
●函館ラ・サール	学校説明会（東京）	11月23日（金）	10:00	不	
◎日出	学校説明会	11月17日（土）	13:00	不	
	学校説明会	12月1日（土）	11:00	不	
	学校説明会	12月8日（土）	11:00	不	
	学校説明会	1月12日（土）	11:00	不	
◎日出学園	学校説明会	12月8日（土）	10:00	要	
◎広尾学園	学校説明会	11月17日（土）	10:00	要	
	入試傾向説明会	11月17日（土）	10:00	要	
	入試傾向説明会	11月17日（土）	11:30	要	
	学校説明会	12月15日（土）	10:00	要	
	入試傾向説明会	12月15日（土）	10:00	要	
	入試傾向説明会	12月15日（土）	11:30	要	
○フェリス女学院	学校説明会	11月10日（土）	10:00	不	(保)
	学校説明会	11月10日（土）	14:00	不	(保)
○富士見	学校見学会	11月17日（土）	14:00	要	
	学校説明会	11月24日（土）	10:30	要	(保)
	学校見学会	12月1日（土）	14:00	要	
	学校説明会	1月12日（土）	10:30	要	(保)
○富士見丘	学校説明会	11月23日（金）	10:00	不	
	学習相談会	11月23日（金）	11:00	要	
	学校説明会	12月8日（土）	13:30	不	
	チャレンジ体験入試	12月8日（土）	13:30	要	(受)
	学校説明会	1月12日（土）	13:30	不	
	チャレンジ体験入試	1月12日（土）	13:30	要	(受)
○藤村女子	予想問題解説会	11月18日（日）	8:30	不	
	予想問題解説会	11月18日（日）	13:00	不	
	学校説明会	12月1日（土）	14:00	不	
	個別相談会	1月6日（日）	9:00	不	
●武相	理科実験・社会科教室	11月25日（日）	9:30	要	
	理科実験・社会科教室	11月25日（日）	13:00	要	
	ミニ説明会	12月2日（日）	9:20	不	
	ミニ説明会	12月2日（日）	13:40	不	
	入試説明会	12月4日（火）	10:00	不	
	プレ入試にチャレンジ	12月16日（日）	8:30	要	
	入試説明会	1月6日（日）	10:00	不	
	ミニ説明会	1月13日（日）	9:20	不	
	夜の説明会	1月16日（水）	19:00	要	
○普連土学園	バザー	11月10日（土）	10:00	不	
	入試問題解説会	11月24日（土）	9:00	不	
	学校説明会	12月8日（土）	10:00	不	
	入試説明会	12月8日（土）	13:30	不	
	入試説明会	1月12日（土）	10:00	不	
○文化学園大学杉並	オープンスクール	11月10日（土）	14:00	不	
	学校説明会	11月24日（土）	14:00	不	
	夜の学校説明会	11月29日（木）	19:00	不	
	入試説明会	12月8日（土）	14:00	不	
	入試説明会	12月16日（日）	10:00	不	
	入試体験会	1月12日（土）	14:00	不	
○文華女子	適性検査解説会	12月1日（土）	14:00	要	
	入試体験＆ミニクリスマス会	12月24日（月）	10:00	要	
	直前対策解説会	1月20日（日）	10:00	要	
○文京学院大学女子	入試解説会	11月11日（日）	10:00	不	
	入試解説会	11月11日（日）	13:30	不	
	オープンキャンパス	11月14日（水）	9:30	不	
	オープンキャンパス	11月14日（水）	10:30	不	
	学校説明会	11月18日（日）	10:00	不	
	学校説明会	11月18日（日）	13:30	不	
	文京生体験 部活動体験	11月23日（金）	13:30	要	
	文京生体験	12月2日（日）	10:00	要	

学校名	行事内容	開催日	開始時間	予約	備考
○横浜共立学園	学校説明会	11月10日(土)	10:00	不	
	学校説明会	11月10日(土)	13:30	不	
○横浜女学院	ミニ説明会	11月13日(火)	10:00	要	
	学校説明会	11月17日(土)	10:00	要	
	ミニ説明会	11月27日(火)	10:00	要	
	ナイト説明会	11月30日(金)	18:30	要	
	ミニ説明会	12月4日(火)	10:00	要	
	ミニ説明会	12月11日(火)	10:00	要	
	学校説明会	12月15日(土)	10:00	要	
	ミニ説明会	12月18日(火)	10:00	要	
	学校説明会	1月12日(土)	10:00	要	
◎横浜翠陵	模擬入試	11月23日(金)	9:30	要	
	ミニ学校説明会 スクールツアー	12月8日(土)	10:00	要	
	親子入試解説会	12月16日(日)	10:00	要	
	模擬入試	1月13日(日)	9:30	要	
	ミニ説明会	1月28日(月)	10:00	要	
◎横浜創英	学校説明会	12月16日(日)	10:00	要	
	学校説明会	1月12日(土)	10:00	要	
○横浜富士見丘学園	学校説明会	11月10日(土)	10:00	不	
	学校説明会	11月22日(木)	10:00	不	
	学校説明会	11月22日(木)	19:00	不	
	4科対策演習	12月8日(土)	9:00	不	
	学校説明会	12月18日(火)	10:00	不	
	学校説明会	12月18日(火)	19:00	不	
	4科対策演習	1月5日(土)	9:00	不	
	学校説明会	1月17日(木)	10:00	不	
	学校説明会	1月17日(木)	19:00	不	
○横浜雙葉	土曜日学校案内	12月15日(土)	9:00	要	
	土曜日学校案内	12月15日(土)	10:00	要	
	土曜日学校案内	12月15日(土)	11:00	要	
ラ ●立教池袋	入試説明会	11月10日(土)	14:30	不	
○立教女学院	学校説明会	11月17日(土)	13:00	不	
	クリスマス礼拝	12月15日(土)	11:00	要	
●立教新座	学校説明会	11月18日(日)	9:30	不	
	学校説明会	11月18日(日)	11:30	不	
◎立正大学付属立正	入試問題解説会	11月10日(土)	14:00	不	
	学校説明会	12月8日(土)	14:00	不	
	入試問題解説会	12月16日(日)	10:00	不	
	学校説明会	1月13日(日)	10:00	不	
◎麗澤	学校説明会	11月17日(土)	10:30	不	
	学校説明会	12月2日(日)	10:30	不	
	学校説明会	12月16日(日)	10:30	不	
	ミニオープンキャンパス	1月15日(水)	9:00	要	
ワ ◎和光	入試説明会	11月11日(日)	10:00	不	
	入試説明会	12月15日(土)	13:30	不	
	入試説明会	1月12日(土)	13:30	不	
○和洋九段女子	ミニ説明会	11月14日(水)	10:00	要	
	学校体験会	11月17日(土)	10:00	要	
	入試対策勉強会	11月24日(土)	10:00	要	
	入試対策勉強会	12月1日(土)	10:00	要	
	入試対策勉強会	12月15日(土)	10:00	要	
	学校説明会	12月22日(土)	13:30	不	
	プレテスト	1月6日(日)	8:40	要	
	ミニ説明会	1月20日(日)	10:00	要	
○和洋国府台女子	学校説明会	11月10日(土)	10:00	不	
	学校説明会	11月10日(土)	14:00	不	
	学校説明会	12月8日(土)	10:00	不	
	学校説明会	12月8日(土)	14:00	不	
	学校説明会	1月12日(土)	10:00	不	

※日程や時間などは変更になる場合もございます。おでかけの際にはかならず各中学校にご確認ください。

学校名	行事内容	開催日	開始時間	予約	備考
マ ◎明治学院	学校説明会	11月17日(土)	14:00	不	
	学校説明会	11月26日(月)	10:30	不	
	クリスマスの集い	12月19日(水)	15:00	不	
	学校説明会	1月12日(土)	14:00	不	
	ハンドベル定期演奏会	1月25日(金)	19:00	不	中野ZEROホール
◎明治大学付属中野八王子	オープンスクール	11月24日(土)	10:15	不	
	学校説明会	12月1日(土)	14:30	不	
	入試個別質問会	12月15日(土)	14:30	不	
◎明治大学付属明治	学校説明会	11月15日(木)	10:30	要	
	入試対策説明会	12月1日(土)	10:00	要	
	入試対策説明会	12月1日(土)	14:00	要	
◎明星	学校説明会	11月22日(木)	19:00	不	
	学校説明会	12月16日(日)	10:00	不	
	学校説明会	1月12日(土)	15:00	要	
◎明星学園	入試説明会	12月8日(土)	14:00	要	
	入試説明会	1月12日(土)	14:00	要	
●明法	入試説明会	11月23日(金)	10:30	不	
	学校説明会	12月23日(日)	10:30	不	
	入試体験会	1月13日(日)	9:00	要	
○目黒星美学園	学校見学会	11月10日(土)	14:00	不	
	学校説明会	11月27日(火)	10:20	不	
	イブニング・ミニ説明会	12月14日(金)	19:00	不	
	入試説明会	12月16日(日)	10:20	不	
	クリスマス会	12月22日(土)	14:00	不	
	入試体験	1月6日(日)	10:20	要	
	入試説明会	1月19日(土)	14:00	不	
◎目白研心	オープンキャンパス	11月17日(土)	14:00	不	
	入試体験会	12月16日(日)	14:00	不	
	学校説明会	1月12日(土)	14:00	不	
◎森村学園	入試問題解説会	12月2日(日)	14:00	不	
ヤ ○八雲学園	学校説明会	11月18日(日)	10:30	不	
	学校説明会	12月12日(水)	10:30	不	
	学校説明会	1月9日(水)	10:30	不	
●安田学園	学校説明会	11月10日(土)	14:30	不	
	学校説明会	11月25日(日)	9:00	不	
	入試体験	11月25日(日)	9:00	要	(受)
	学校説明会	12月15日(土)	14:30	不	
	入試直前対策	1月12日(土)	14:30	要	
	学校説明会	1月12日(土)	14:30	不	
◎山手学院	学校説明会	11月17日(土)	10:00	不	
	ミニ説明会	12月8日(土)	10:00	要	
	ミニ説明会	1月12日(土)	10:00	要	
○山脇学園	学校説明会 オープンスクール形式	11月24日(土)	8:45	要	
	学校説明会 オープンスクール形式	12月8日(土)	8:45	要	
	ナイト説明会	12月19日(水)	18:00	要	
	ミニ説明会	1月12日(土)	9:00	要	
◎横須賀学院	入試説明会·学校案内日	11月10日(土)	10:30	不	
	合唱コンクール	11月17日(土)	10:00	要	
	入試説明会·学校案内日	12月15日(土)	10:30	不	
	入試問題体験会	12月15日(土)	10:30	要	(受)
	クリスマスページェント	12月20日(木)	10:30	要	
	入試説明会·学校案内日	1月12日(土)	10:30	不	
	入試問題体験会	1月12日(土)	10:30	要	(受)
●横浜	学校説明会	11月25日(日)	10:00	不	
	入試過去問体験会と学校説明会	12月15日(土)	10:00	不	
	学校説明会	1月19日(土)	10:00	不	
○横浜英和女学院	土曜見学会	12月1日(土)	10:00	要	
	ナイト説明会	12月7日(金)	18:30	要	
	学校説明会	12月15日(土)	10:00	要	
	学校説明会	1月12日(土)	10:00	要	

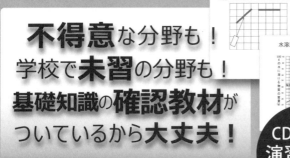

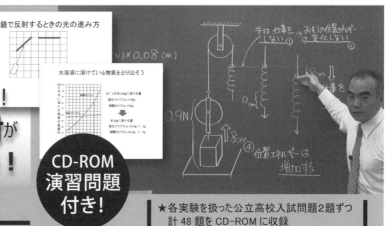

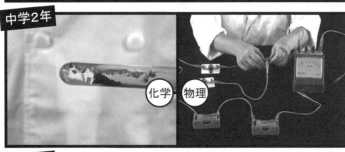

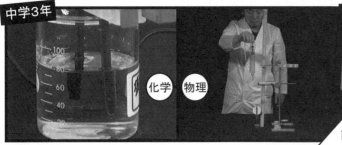

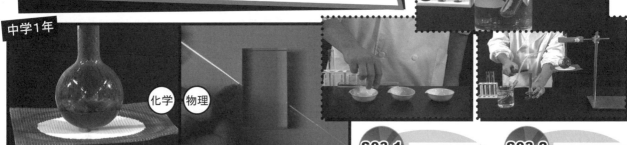

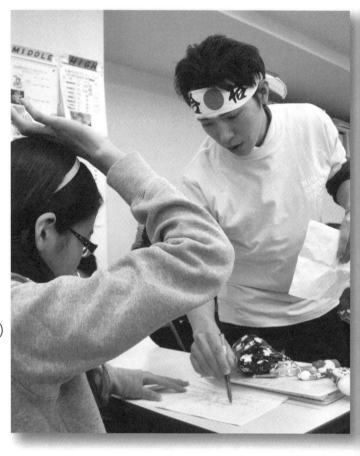

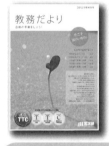

中学受験 合格アプローチ 2013年度版

入試直前　必勝ガイド

あとがき

いよいよ入試が近づきました。まさに正念場のこの時期、保護者のみなさまにとっても胃の痛むような日々ではないでしょうか。

この本は、そんな保護者、受験生のために「入試直前期」にスポットをあてて編集されました。

これまで、一生懸命中学受験に向かって勉強に取り組んできた受験生を見守ってきたお父さま、お母さまなら、だれもが「合格」を手にしたいのは当たり前。神にも祈りたいといった心境でしょう。

でも、ほんとうの「ゴール」はもっとさきにあるはずです。

そのことに思いを馳せることができる保護者のかたは、お子さまにも余裕を持って接することができるでしょう。

あたたかい笑顔での言葉がけが、どんなにお子さまを勇気づけるかわかりません。これからの時期はお子さまに「安心感」を与えつづけることが大切です。どうか、家族みんながおおらかな気持ちで、肩を組んでゴールへと飛びこんでください。「中学受験」をつうじ、お子さまにもご両親にも、すばらしい成果がもたらされることを願ってやみません。

『合格アプローチ編集部』

営業部よりご案内

『合格アプローチ』は首都圏有名書店にてお買い求めになれます。

万が一、書店店頭に見あたらない場合には、書店にてご注文のうえ、お取り寄せいただくか、弊社営業部までご注文ください。ホームページでも注文できます。送料は弊社負担にてお送りいたします。代金は、同封いたします振込用紙で郵便局よりご納入ください。（郵便振替 00140-8-36677）

ご投稿・ご注文・お問合せは

株式会社グローバル教育出版

【所在地】〒101-0047

東京都千代田区内神田2-4-2 グローバルビル

【電話番号】03-3253-5944《合格しよう》(代)

【FAX番号】03-3253-5945

URL:http://www.g-ap.com

e-mail:gokaku@g-ap.com

合格アプローチ　2013年度版

中学受験直前対策号

入試直前　必勝ガイド

2012年11月10日初版第一刷発行

定価：本体 1,000 円 + 税

●発行所／株式会社グローバル教育出版

〒101-0047 東京都千代田区内神田2-4-2 グローバルビル

電話 03-3253-5944(代)　　FAX 03-3253-5945

http://www.g-ap.com　　郵便振替 00140-8-36677

ISBN978-4-903577-48-7

C0037 ¥1000E

定価：本体1000円＋税

高校受験ガイドブック2012 11

早稲田アカデミー

Success15

夢が広がる高校選びの情報満載！ サクセス15

暗記が苦手なキミに贈る
効果的に憶えるための9つのアドバイス

この行事、どんな行事？ 特色ある学校行事！

私立 INSIDE
首都圏私立高校の「入試相談」とは

公立CLOSE UP
埼玉、千葉、神奈川の「難関国公立大合格力」

完全提携 早稲田アカデミー

定価：本体800円+税